DONALD CUCCIOLETTA

★

JOHN PARISELLA

Élections
Made in
USA

ÉDITION 2008

SAISIR LES VRAIS ENJEUX
DE L'ÉLECTION DU
4 NOVEMBRE 2008
ET LA LUTTE OBAMA-McCAIN
PRÉFACE D'ANDRÉ PRATTE

LES ÉDITIONS
voix para//è/es

PRÉFACE

André Pratte
Éditorialiste en chef
La Presse

La politique américaine fascine le monde entier, et les Québécois ne font évidemment pas exception à ce phénomène. Est-ce parce que les enjeux sont si importants? Est-ce parce que les candidats sont généralement d'une qualité exceptionnelle, quoi qu'on pense de l'idéologie qu'ils défendent? Est-ce parce que le spectacle est si bien monté? Tout cela sans doute.

Les États-Unis ont connu plusieurs élections présidentielles dites « historiques », mais il est certain que celle du 4 novembre 2008 passera véritablement à l'histoire. D'abord en raison des primaires palpitantes au Parti démocrate, contestées par la première femme et le premier Noir candidats à l'investiture d'un grand parti américain. Ensuite parce que Barack Obama pourrait devenir le premier Afro-Américain à devenir président d'un pays où l'esclavage a provoqué une guerre civile et où la ségrégation prévalait encore il y a quelques décennies à peine. Enfin, peu importe qui l'emporte, le monde entier espère que cette élection provoquera un

*virage, un retour à ce qu'il y a de mieux dans la démo-
cratie américaine à la place du pire que nous avons
connu sous George W. Bush.*

*Pour comprendre l'importance historique de cette élec-
tion, il faut comprendre le système politique américain
dans son passé, son évolution, sa complexité. C'est à cette
tâche pédagogique que se sont attelés deux des plus fins
observateurs de la politique américaine que compte le
Québec, Donald Cuccioletta et John Parisella. C'est
simple, clair, instructif.*

*Donald et John sont de grands admirateurs des États-
Unis d'Amérique. Et comme tous ceux qui aiment ce
grand pays, ils sont attristés par ce que l'administration
Bush en a fait. Tristes de la détérioration de la réputation des Américains. Comme tant de gens partout sur
la planète, ils espèrent que le prochain président, qu'il
s'agisse de John McCain ou de Barack Obama, saura
redonner aux États-Unis le rôle positif dont le monde a
besoin, un rôle conforme aux idéaux inscrits dans la
Constitution des États-Unis.*

*Dans cette édition mise à jour, les auteurs retracent toute
la campagne de 2008, du début des primaires jusqu'au
choix des prétendants à la vice-présidence.*

*Quand on referme le livre, on est fin prêt pour le 4 no-
vembre. Et on en sait beaucoup plus sur cette politique
américaine qui nous fascine tant.*

John Parisella et Donald Cuccioletta désirent transmettre leurs plus chaleureux remerciements à Jean-Louis Dufresne pour sa collaboration. Sans son travail, cette édition 2008 d'*Élections Made in USA*, ne serait pas.

Les auteurs tiennent également à remercier mesdames Nathalie Rivard et Nathalie Saint-Pierre pour leur dévouement et leur précieuse aide à la réalisation de ce livre.

John Parisella exprime tout autant ses plus sincères sentiments à Esther Bégin pour ses conseils et son aide inestimable à la rédaction de la deuxième partie de ce livre.

À Tania, Lyssa et Marjorie

Catalogage avant publication de Bibliothèque et Archives nationales du Québec et Bibliothèque et Archives Canada

Parisella, John E., Cuccioletta, Donald

Élections made in USA : Saisir les vrais enjeux de l'élection du 4 novembre 2008 et la lutte Obama-McCain

Éd. remaniée, rév. et rev.

ISBN 978-2-923491-14-1

1. Élections - États-Unis. 2. États-Unis. Congress - Élections, 2008. 3. Campagnes électorales - États-Unis. I. Cuccioletta, Donald, 1945- . II. Titre.

JK1976.C82 2008   324.60973   C2008-941928-6

Éditrice déléguée
Martine Peletier

Auteurs
John Parisella
Donald Cuccioletta

Collaborateur aux textes
Jean-Louis Dufresne

Conception graphique
Bernard Méoule

Infographie
Nathalie Perreault

Correction d'épreuves
Karine Bilodeau

Merci à Michel Dumais pour son aide précieuse à la rédaction de la section portant sur la révolution Internet.

Avec la collaboration de L'Observatoire sur les États-Unis de la Chaire Raoul-Dandurand de l'UQAM

**Les Éditions
Voix Parallèles**

Président
André Provencher

Directeur de l'édition
Martin Balthazar

L'éditeur bénéficie du soutien de la Société de développement des entreprises culturelles du Québec (SODEC) pour son programme d'édition et pour ses activités de promotion.

L'éditeur remercie le gouvernement du Québec de l'aide financière accordée à l'édition de cet ouvrage par l'entremise du Programme de crédit d'impôt pour l'édition de livres, administré par la SODEC.

Nous reconnaissons l'aide financière du gouvernement du Canada par l'entremise du Programme d'aide au développement de l'industrie de l'édition (PADIÉ) pour nos activités d'édition.

Dépôt légal – Bibliothèque et Archives nationales du Québec, 2008
Dépôt légal – Bibliothèque et Archives Canada, 2008
3ᵉ trimestre 2008
ISBN 978-2-923491-14-1

**LES ÉDITIONS
VOIX para//è/es**

7, rue Saint-Jacques
Montréal (Québec)
H2Y 1K9

514 285-7176

TABLE DES MATIÈRES

AVANT-PROPOS

POURQUOI CE LIVRE ?

Nous nous sommes posé la même question, lors de l'édition 2004 de ce livre. Comme à l'époque, nous ne prétendons pas aujourd'hui présenter un traité de science politique et, encore moins, envisageons-nous produire un rapport de recherche ou un mémoire universitaire. En fait, notre objectif est simple. Nous vous offrons un guide pratique, un *vade-mecum*, sur le processus électoral américain. Nous souhaitons cependant que le lecteur puisse y trouver des réponses simples et intéressantes sur de nombreux éléments de la politique américaine afin de mieux en apprécier le bien-fondé et le fonctionnement.

Tout comme lors de la campagne de 2004, nous avons voulu que ce livre soit une introduction à la campagne électorale en cours, qui s'annonce, sans nul doute, être la plus passionnante depuis l'épreuve de force historique qui a opposé John F. Kennedy à Richard Nixon en 1960.

Si vous vous intéressez le moindrement aux médias américains et canadiens ou si vous surfez sur Internet, vous avez déjà constaté le vif intérêt que suscite cette campagne électorale non seulement aux États-Unis, mais aussi sur la scène internationale.

Nous avons également constaté un regain d'intérêt chez les Canadiens pour la politique américaine en général et pour cette campagne en particulier. Si le phénomène peut, en partie, être attribué à la belle lutte qui a opposé Hillary Clinton à Barack Obama chez les démocrates, il peut également s'expliquer par le fait que la fin de la présidence de George W. Bush peut être perçue comme le début d'une nouvelle ère dans la politique des États-Unis. Quelles qu'en soient les raisons, il est certain que tout ce qui touche les États-Unis, tous les enjeux qui y sont débattus acquièrent un caractère de plus en plus mondial. Qu'on le veuille ou non, le prochain président des États-Unis jouera un rôle crucial dans les décisions et les solutions que l'humanité devra adopter pour faire face aux problèmes qui vont se présenter au cours des prochaines décennies.

C'est avec grand plaisir que Donald et moi présentons cette édition 2008 révisée et complètement revue. Cette fois encore, la politique présidentielle américaine servira de toile de fond et nous fournirons de multiples exemples très concrets afin d'illustrer l'évolution dans la manière de faire de la politique au sud du 49e parallèle.

Le contenu de la première partie est utile non seulement pour la prochaine élection, mais également pour toute élection américaine. Dans la deuxième partie, nous replaçons l'élection de 2008 dans son contexte en tentant, à chaud, une première rétrospective de ce cycle politique des plus enthousiasmants. Nous souhaitons vous permettre de faire connaissance avec les principaux candidats à la présidence et à la vice-présidence et nous compléterons le tout par une analyse des perspectives électorales de l'élection du 4 novembre 2008.

Par souci de transparence, je tiens à faire une précision. Cette année j'ai pu participer activement à ma troisième campagne présidentielle (2000, 2004, 2008) mais à la différence que cette fois-ci, j'ai fait la promotion d'une candidature dans les médias québécois. Ce fut celle du sénateur Barack Obama. Vous pourrez consulter à l'annexe 1 (page 233) deux textes parus dans des quotidiens montréalais qui vantent ses qualités.

Cela dit, ce livre se veut, autant que faire se peut, un éclairage objectif et équilibré de la campagne 2008.

Nous espérons que vous apprécierez ce livre. Il présente le grand avantage de marier théorie et pratique dans le but d'aider à mieux comprendre les enjeux des *Élections : Made in USA – 2008*.

Nous vous souhaitons bonne lecture et nous vous encourageons à nous faire part de vos commentaires.

John Parisella
Analyste, conférencier et membre de l'Observatoire des États-Unis de la Chaire Raoul-Dandurand en études stratégiques de l'UQAM (jparisella@bcp.ca)

INTRODUCTION

LE 4 NOVEMBRE 2008 :
UN JALON DÉTERMINANT

En 1968, à Chicago, lors de la convention du Parti démocrate, la population à l'extérieur du Palais des congrès scandait avec fébrilité « Le monde entier a les yeux rivé sur l'Amérique – *The Whole World is watching!* ». Quarante ans plus tard, le monde entier a effectivement, encore une fois, les yeux rivés sur ce qui se passe aux États-Unis dans cette campagne présidentielle.

La question est de savoir et de comprendre pourquoi.

Depuis le début des primaires et la période des caucus en Iowa le 3 janvier 2008, les États-Unis ont officiellement entamé le processus constitutionnel qui mènera à l'élection de leur 44e président et à la formation de leur 110e Congrès. Ce processus se déroule dans un contexte de profonds bouleversements politiques aux États-Unis, auquel s'ajoute une situation internationale défavorable et explosive, causée en grande partie par une politique étrangère américaine imprévisible et, surtout, plus agressive.

L'intérêt accru pour cette élection, qui a poussé les candidats, aussi bien démocrates que républicains, à se jeter avidement dans la bataille est dû au fait qu'il s'agit d'une élection dont l'issue est encore incertaine. Depuis 1952, c'est la première fois que le président et le vice-président sortants ne sont pas candidats. Voilà qui donnera aux électeurs américains une occasion unique de nommer une toute nouvelle administration à la tête du pays. C'est en ce sens qu'il faut s'attendre, non seulement à un regain d'intérêt marqué pour ces élections, mais également à une hausse du taux de participation, notamment parmi les jeunes.

Ce n'est donc pas le fruit du hasard si presque tous les candidats, qu'ils soient démocrates ou républicains, ont placé au cœur de leur campagne respective le concept de « changement ».

Cette utilisation jusqu'à plus soif du thème du « changement » dans les discours de tous les candidats tire son origine d'un malaise subjectif profondément ancré dans la société américaine. En effet, au cours de 25 dernières années, ce pays a assisté à l'émergence de courants politiques beaucoup plus idéologiques. La montée de ce phénomène a, en partie, coïncidé avec l'élection en 1980 de Ronald Reagan. L'accroissement de l'influence politique de la droite religieuse, des néoconservateurs et du conservatisme idéologique au sein des institutions de

Washington a fait naître une façon de faire de la politique plus conflictuelle et propre à diviser.

Cette nouvelle façon de concevoir et d'agir en politique a fait tache d'huile et s'est propagée dans l'ensemble de l'Amérique.

L'Américain moyen a commencé à ressentir les effets de la mentalité qui, petit à petit, s'est imposée à Washington, mentalité selon laquelle le gagnant gagne à la dure, au « plus fort la poche ».

Il ne faut donc pas se surprendre de l'accentuation des tensions et des divisions aux États-Unis : les inégalités entre les riches et les pauvres, entre les Afro-Américains et les Blancs, les conflits au sein des minorités visibles, entre les personnes de gauche et de droite, entre les personnes libérales et conservatrices, la montée de l'homophobie, les tensions entre la droite religieuse et les courants religieux majoritaires, etc. Pour nombre de gens, particulièrement pour les personnes plus âgées qui ont connu et profité d'une dynamique différente et pleine de promesses après la Seconde Guerre mondiale, l'Amérique doit changer. Les anciens symboles et mythes qui ont fait la fierté des États-Unis ont perdu beaucoup de crédibilité, surtout aux yeux des jeunes, qui sont devenus cyniques à l'égard de la politique et qui refusent tout simplement d'y prendre part. Le déclin de la confiance accordée à la classe économique et politique ainsi qu'aux partis traditionnels, poussent aussi les jeunes à la désaffection politique.

La perte de leadership

On parle de changement sur toutes les tribunes politiques depuis le début de ce cycle présidentiel, mais on parle aussi de leadership. On constate de plus en plus que l'influence et le poids du leadership américain sont en déclin. Ces vingt dernières années ont vu la montée graduelle de la Chine en puissance économique et politique. Indéniablement, depuis la fameuse rencontre de 1972 Nixon/Mao Zedong, les rapports entre la Chine et les États-Unis se sont modifiés sensiblement. Il apparaît que, sous George W. Bush, les États-Unis ont plutôt tendance à vouloir entraver et endiguer la transformation de la Chine plutôt que d'y participer de manière positive. En même temps, les États-Unis et la Russie semblent avoir retrouvé les vieux réflexes négatifs du passé. De meilleures relations avec la Russie pourraient en faire un allié potentiel ayant une influence en Asie. Les tentatives infructueuses visant à créer la Zone de libre-échange des Amériques (ZLEA) et le récent fiasco du cycle de Doha, la dernière ronde à l'Organisation mondiale du commerce (OMC), ont obligé les États-Unis à rechercher, sans grand succès, des alliés sur le plan économique et politique.

Alors que le pays se trouve à deux doigts d'une récession économique, alimentée par la débâcle des prêts hypothécaires à haut risque – les fameux *subprimes* – et la hausse des prix internationaux de l'énergie, de plus en plus l'opinion publique demande des comptes. L'injection de plusieurs milliards de dollars pour renflouer les sociétés de prêts hypothécaires Fannie Mae (Federal National Mortgage Association) et Freddie Mac (Federal Home Loan Mortgage Corporation) et la faillite retentissante de la banque d'affaires Lehman Brothers a renforcé le sentiment de pessimisme auprès de l'électorat.

Tout cela mène à la question centrale à l'égard des États-Unis sous l'administration de Bush fils : qu'en est-il du leadership intérieur et international des États-Unis?

Le président américain joue le rôle de guide, de gestionnaire, d'homme au-dessus de tout soupçon et, surtout, d'autorité morale. Lorsque la Maison-Blanche donne fermement un sens de direction, le président redonne aux citoyens l'espoir et l'envie de créer, d'innover et de croire au processus démocratique. Nous savons tous que les États-Unis possèdent toujours l'économie et l'armée les plus puissantes au monde. Pourtant, leur véritable force réside dans l'autorité morale qu'ils exercent.

Pour nous, il ne fait aucun doute que depuis huit ans, l'administration Bush exerce le pouvoir de manière mal inspirée. Cette manière malavisée de diriger a amplifié les dissensions au sein de la société américaine et dans le monde ce qui a donné à la campagne présidentielle de 2008 toute son importance.

L'élection de 2008 met en évidence que les États-Unis sont à la croisée des chemins. Le pays est engagé dans deux guerres auxquelles l'opinion publique, tant aux États-Unis que dans le reste du monde, est défavorable. L'avenir de l'économie américaine s'annonce pour le moins cahoteux. La prédominance économique et politique des États-Unis dans le monde est remise en question et de plus en plus contesté. Tous ces éléments contribuent à affaiblir l'influence de la présidence.

Sondage après sondage, il devient manifeste que le pessimisme et le désespoir gagnent la société américaine. Les élections présidentielle et législative de 2008 constituent donc un jalon déterminant dans l'histoire des États-Unis et du XXIe siècle. Pour certains, elles pourront marquer un changement de génération à la tête de l'État. Pour d'autres, elles vont permettre d'effectuer le changement d'orientation politique qui s'impose.

Néanmoins, quelle que soit l'issue de ces élections, les États-Unis s'attendent à un changement, et le monde entier, en attente, a effectivement les yeux rivés sur eux.

PARTIE 1

SURVOL DE
LA POLITIQUE AMÉRICAINE

CHAPITRE 1

L'ÈRE MODERNE
DE LA PRÉSIDENCE

La campagne présidentielle de 2008 s'annonce comme étant la plus excitante, la plus novatrice et la plus imprévisible depuis la Seconde Guerre mondiale. Du côté républicain, le sénateur de l'Arizona John McCain et sa colistière, la gouverneure de l'État de l'Alaska Sarah Palin, qui cherchent à donner au *Grand Old Party* (GOP) un troisième mandat consécutif, affrontent un tandem démocrate redoutable et charismatique, celui du sénateur de l'Illinois Barack Obama et son candidat à la vice-présidence, le sénateur du Delaware, Joe Biden.

Quelle qu'en soit l'issue, cette élection présidentielle marquera l'histoire. Qu'est-ce qui donne ce caractère historique à cette élection?

D'abord, c'est la première fois depuis 1952 qu'il n'y a, parmi les candidats en présence, ni un président ni un vice-président sortant. Ensuite, on trouvera à la Maison-Blanche, à la suite du scrutin, pour la première fois de l'histoire des États-Unis, soit une femme comme vice-présidente, Sarah Palin, soit un Afro-Américain comme président, Barack Obama. Aussi, que le vainqueur soit John McCain ou Barack Obama, ce sera la première fois depuis l'élection de John F. Kennedy en 1960 qu'un sénateur accédera à la Maison-Blanche. Finalement, il faudra noter que cette campagne est marquée par la présence éclatante de la révolution Internet en communication politique. Messages textes multiples aux partisans et aux journalistes, débats des candidats diffusés sur le Web, réseautage social multiple, présence sur Facebook, messages et chansons d'appui de simples citoyens sur YouTube, recrutement et financement par l'intermédiaire d'Internet, sans compter sur la blogosphère qui a accéléré encore plus le cycle des nouvelles et favorisé l'expression des idées politiques des citoyens.

On aurait pu croire que l'impopularité de l'admi-nistration sortante de Bush-Cheney aurait rendu le parcours à la présidence de 2008 plus difficile pour les républicains. N'est-il pas vrai que le taux de satisfaction de George W. Bush en fin de deuxième mandat atteint à peine les 30 %, un résultat qui se situe dans les mêmes records d'insatisfaction que ceux du président Nixon au temps du Watergate? Ce n'est pas peu dire. Pourtant, le choix du sénateur de l'Arizona, John McCain, représente un changement pour le Parti républicain et permet tous les espoirs.

Nul doute que John McCain est un conservateur et un républicain dans l'âme. Au Congrès, il a appuyé la grande majorité des positions de George W. Bush durant sa présidence (il a voté pour les politiques de Bush 90 % du temps). Un élément important qu'il faut cependant considérer, c'est que John McCain est l'un des membres du Sénat les plus appréciés par ses collègues. Il a fréquemment tenu des propos modérés et a, en plusieurs occasions, participé à la mise en œuvre de solutions bipartisanes au sein du Congrès. Plus encore, ses appuis les plus loyaux à l'intérieur de son parti ne viennent pas de la faction évangéliste chrétienne qui a assuré les victoires de George W. Bush en 2000 et 2004.

Un John McCain, élu président le 4 novembre 2008, répéterait l'exploit de George Bush père qui en 1988 a succédé à Ronald Reagan après 8 ans de présidence républicaine.

Du côté démocrate, Barack Obama a eu un parcours presque sans faille depuis son discours lors de la convention démocrate de 2004. Il est charismatique et est un tribun hors du commun. Son expérience de la politique est limitée, mais il compense cette faiblesse en faisant preuve d'une maturité politique sans commune mesure avec son âge et sa carrière. Sa popularité auprès des jeunes a donné à sa campagne un caractère qui n'est pas sans rappeler celle de Robert Kennedy à l'investiture démocrate de 1968.

Il est le premier candidat afro-américain à représenter un des grands partis politiques. Sa victoire serait historique. Et si jamais il réussit cet exploit, on pourrait attribuer une partie de son succès à l'utilisation de l'univers d'Internet pour promouvoir sa cause.

Une élection qui s'annonce historique et une élection axée sur le thème du changement, voilà ce qui contribue à rendre ce rendez-vous électoral si emballant. Au-delà des candidats et des enjeux politiques, cette élection sera intéressante à plusieurs égards.

D'abord, la campagne de 2008, sans équivoque, fera époque. Si l'élection présidentielle de 1960 a inauguré l'ère de la communication de masse et mis en lumière le rôle chaque jour plus grand de la télévision, l'élection de 2008 restera comme celle qui aura révélé l'importance croissante qu'exerce Internet sur la politique du pays. Jamais, depuis 1960, la communication politique et l'organisation de campagnes électorales se sont-elles renouvelées autant. La campagne présidentielle de 2008 a permis à Internet et au Web 2.0 d'occuper le devant de la scène. Nous savons tous comment les chaînes d'actualités continues par câble avaient modifié durant la décennie 1990 la façon dont les politiciens abordent la couverture des nouvelles. Il nous faudra dorénavant tenir compte de l'importance que revêt la possibilité qu'une vidéo amateur montrant un candidat lors d'une réunion privée soit mise en ligne sur YouTube.

Pour bien situer ce phénomène récent de l'Internet, il sera utile que nous fassions un retour sur des événements qui ont aussi influencé l'ère moderne de la présidence.

Nous brosserons donc un bref tableau de l'élection de l'an 2000 et de la prééminence retrouvée du Collège électoral, puis de la période de 1980 à 1996 et du réalignement idéologique de l'échiquier politique aux États-Unis, puis des crises à la présidence durant la période Vietnam-Watergate et, finalement, de l'élection de 1960 et du début de l'ère des communications.

ÉLECTIONS DE 2008 :
LA RÉVOLUTION INTERNET

Aussi loin que l'on puisse retourner dans le temps, il est impossible de dissocier apparition de « nouvelles technologies » et communication politique en campagne présidentielle. L'histoire nous démontre que l'équipe qui, la première, a su le mieux intégrer à sa communication politique la « nouvelle technologie du moment » a toujours, par la suite, remporté l'élection. Par exemple, le candidat Andrew Jackson a remporté l'élection en 1829 en courtisant les éditeurs des journaux. Ce fut d'ailleurs l'amélioration des processus d'impression qui a permis aux quotidiens de cette époque de devenir véritablement des *mass média*. Andrew Jackson fut aussi un des premiers à utiliser à son avantage les services postaux. C'est d'ailleurs à la suite de la victoire d'Andrew Jackson que la poste américaine a pu prendre son envol. À la suite d'une embauche massive (encouragée par le nouveau président), les services postaux comptaient d'ailleurs, dans les années post-Jackson, 2 000 employés de plus que le nombre de soldats de l'armée américaine.

Comment passer sous silence l'utilisation de la radio, un des premiers médias électriques après le télégraphe, par Franklin D. Roosevelt? Sa grande maîtrise de ce moyen de communication, avec ses conversations auprès du feu, a eu un impact profond sur l'imaginaire des citoyens américains. C'est grâce en grande partie à la radio que Roosevelt a pu si brillamment *marketer* son *New Deal*. Et c'est avec John F. Kennedy que, véritablement, la maîtrise du médium télévision par les candidats fut considérée comme une condition *sine qua non* aux fins de la communication politique.

Lorsqu'en 2004, Howard Dean s'est porté candidat à l'investiture démocrate, nous avons commencé à percevoir les impacts qu'Internet pouvait avoir. Howard Dean était gouverneur du Vermont, un tout petit État du Nord-Est que représentent trois grands électeurs au Collège électoral. Il tenait un discours contre la guerre en Irak, alors que tous ses adversaires démocrates y étaient favorables. Howard Dean était peu connu, sa notoriété sur le plan national plutôt restreinte et, à plus d'une occasion, il était en porte-à-faux avec les instances dirigeantes du parti. Pourtant, il réussit à être considéré aux débuts des caucus et des primaires de 2004 comme un des meneurs. Comment? Grâce à Internet.

Howard Dean lança sa campagne de financement par Internet et parvint à amasser une somme d'argent non négligeable. Il suscita l'engouement d'un public jeune en ayant recours aux blogues. N'ayant perçu que superficiellement le potentiel grandissant d'Internet, la campagne de Dean 2004, toutefois, s'essouffla rapidement. S'il n'a pas réussi à transformer le succès de sa campagne de financement en victoire électorale, il reste qu'il a démontré qu'il existait un autre moyen de réaliser du financement politique. Howard Dean pava, en 2004, la voie d'un financement populaire sur Internet qui, en 2008, a été reprise par l'ensemble des candidats à l'investiture démocrate.

Beaucoup a été dit et beaucoup a été écrit sur la manière dont Internet a permis de donner de l'envergure à la campagne de Barack Obama. Inspiré par Howard Dean pour les méthodes de financement, la campagne d'Obama est allée plusieurs crans plus loin en y intégrant le réseautage social avec la collecte de données de base disponibles sur Internet. Cela a eu pour effet de créer de multiples réseaux virtuels de bénévoles et de citoyens ordinaires, en grande partie des jeunes et des personnes instruites qui, le plus souvent, s'opposaient à la guerre en Irak.

Même si tous les candidats à la présidence de 2008, qu'ils soient républicains ou démocrates, ont eu recours à Internet, personne n'a eu autant de succès qu'Obama. Il faut se rappeler que lorsque Barack Obama a lancé sa conquête de la Maison-Blanche en février 2007, il était relativement peu connu hors des cercles d'initiés. Internet a été un canal de communication prodigieux pour lui et il s'en est servi pour mieux se faire connaître et promouvoir sa candidature.

En février 2007, la favorite pour emporter l'investiture démocrate était Hillary Clinton, la sénatrice de l'État de New York. Elle aussi a eu recours à Internet pour poser officiellement sa candidature. Mais contrairement à Obama, elle a surtout compté sur les gros donateurs pour financer sa campagne et Internet n'a pas autant été utilisé lors de sa campagne comme outil de réseautage social entre ses partisans et les membres du Parti démocrate. Obama, lui, était présent sur Facebook, MySpace, YouTube, Flickr et autres plateformes du Web 2.0. Tout au long de sa campagne, des réseaux virtuels en communauté se sont nourris les uns les autres. L'augmentation du nombre de ses donateurs a été vertigineuse, même si chacun d'entre eux a donné modestement. Tout au long de l'année 2007, Clinton a toujours conservé une avance de 15 à 20 points dans les sondages sur Obama, mais, en matière de financement, Obama et elle sont restés au coude à coude. La raison est simple : Internet!

Avant même la tenue de la convention démocrate à Denver à la fin d'août de 2008, plus de 90 % des dons pour la campagne d'Obama étaient d'un montant inférieur à 20 $ par personne. Or, seulement au mois de juin 2008, la campagne Obama avait déclaré officiellement avoir récolté un total de 51 millions de dollars en dons avec une contribution moyenne de 68 $.

Obama a su marier son expertise d'Internet avec les aspects organisationnels plus classiques d'une campagne électorale. Par exemple, un *war room* virtuel, en ligne, a été mis sur pied pour contrer les rumeurs et les mensonges au sujet de sa candidature qui pouvaient circuler sur le Web.

En entrevue au magazine *Fast Company*, Keith Reinhard, le président de DDB Worldwide, affirmait qu'Obama réalise ses meilleures performances auprès des jeunes, âgés de 18 à 29 ans environ, que les publicitaires convoitent, la cohorte connue sous le nom de génération du millénaire – les *Millennials* –, qui dépassera en nombre les baby-boomers vers 2010. Ils sont de toutes les races, de toutes les nuances sociales, ils sont ensemble, ils partagent leur vie dans les nouveaux médias, dans les réseaux sociaux en ligne, qui non seulement les relient, mais les cimentent socialement dans des communautés virtuelles. Pour ces jeunes, grâce à ces réseaux sociaux virtuels, les barrières socioéconomiques traditionnelles, comme l'origine ethnique, ne les divisent plus.

Le concept de *MyMedia* a connu son apogée politique lors du dévoilement du colistier d'Obama, Joe Biden. Barack Obama a révélé l'identité de son colistier à ses partisans par l'envoi de courriels et de messages textes, directement, sans passer par les médias traditionnels : une autre première.

Il ne fait plus aucun doute : Internet fait dorénavant partie de la façon de faire campagne. Les principaux candidats ont tous lancé d'impressionnants projets Internet. Il est encore trop tôt pour savoir si l'avantage du Web donnera la clef de la Maison-Blanche, mais un fait demeure : une utilisation efficace d'Internet accroît l'efficacité et la capacité de récolter des sommes colossales pour des candidats qui savent exploiter des sources diversifiées de financement.

Internet peut stimuler la base militante d'un parti politique. Par exemple, le succès initial de Ron Paul, un des candidats républicains, a découlé d'une utilisation bien pensée d'Internet. Sa popularité et ses attentes étaient limitées, mais il a recueilli une coquette somme d'argent qui lui a permis de rester dans la course plus longtemps. Ainsi, si un candidat s'intéresse aux jeunes et sait les stimuler, le monde Web 2.0 peut lui permettre d'obtenir des résultats inattendus.

Facebook, YouTube, MySpace, Flickr et toutes les autres plates-formes logicielles sont des phénomènes virtuels relativement récents, qui émergeaient à peine en 2004. Désormais, ils sont à la base de réseaux virtuels multiples et touchent un grand nombre de personnes. Indéniablement, leur utilisation dans le monde politique ne fera que s'accentuer au fil des ans. Déjà, la compétition avec les réseaux de télévision classique est féroce. Lors des courses respectives à l'investiture, c'est sur CNN et sur YouTube que les débats des candidats des deux principaux partis ont été présentés en direct (les démocrates en juillet 2007 et les républicains en septembre 2007).

Bref, à n'en plus douter, Internet fait dorénavant partie intégrante du processus électoral des États-Unis et ne vous y trompez pas, ce phénomène ira en s'accentuant non seulement chez nos voisins américains, mais partout sur la planète.

LES PRÉSIDENTIELLES DE 2000 :
LA PRÉÉMINENCE DU COLLÈGE ÉLECTORAL

Tous ceux qui se sont le moindrement intéressés à l'élection présidentielle de l'an 2000 savent que tout s'est finalement décidé dans l'État de Floride. À plusieurs reprises au cours de la soirée électorale, les différents réseaux de télévision ont donné la victoire à l'un ou à l'autre des candidats. On déclara d'abord Al Gore vainqueur, puis George W. Bush, après quoi l'on revint à Gore, avant d'annoncer finalement « peut-être Bush ». Il a fallu attendre pas moins de 38 jours avant de savoir qui allait être le 43ᵉ président des États-Unis. Autant de jours de confusion, de batailles juridiques, de recomptage, de contestation des votes, d'interprétation des constitutions (celle de la Floride et celle des États-Unis), avant que la Cour suprême ne soit finalement dans l'obligation de trancher. Celle-ci confirma l'arrêt du dépouillement judiciaire et par le fait même la victoire de George W. Bush. Pour les puristes de la démocratie, ce verdict fut une grande déception. Plusieurs ont même crié au vol. D'autres ont plaidé en faveur d'une refonte et d'une uniformisation du système de vote et certains ont même soutenu qu'il devenait impératif d'abolir le Collège électoral.

Pour la première fois depuis plus de 100 ans, le Collège électoral, que beaucoup avaient oublié, était donc redevenu, à la surprise de plusieurs, l'institution déterminante dans le processus d'élection du président.

Trente-huit jours pour découvrir que le système de vote américain est incohérent, qu'il manque de rigueur et d'uniformité. Ainsi, non seulement chaque État de l'Union a-t-il le loisir d'adopter ses propres modalités et procédures de vote, mais – ce qui est fort surprenant pour nous, Canadiens, qui avons un système centralisé et uniforme – il y a plusieurs États qui « décentralisent » encore plus et qui autorisent les comtés à choisir et à gérer leurs propres méthodes et procédures. Tout cela dans le « berceau de la démocratie moderne ».

Cette crise électorale a miné la légitimité de George W. Bush dès le début de sa présidence. Après tout, Al Gore n'avait-il pas obtenu 540 000 voix de plus que lui? Depuis lors, certains États ont adopté de nouvelles procédures et tenté d'uniformiser leurs méthodes de scrutin. Rien dans les mesures prises depuis l'an 2000, même avec l'adoption en 2002 du *Help America Vote Act*, ne peut cependant garantir que le fiasco de la Floride, en ce qui concerne les procédures et le dépouillement des votes, ne se répétera pas.

Ce qu'il faut retenir de l'élection présidentielle de l'an 2000, c'est donc que les modalités du système électoral américain sont complexes et loin d'être uniformes. De plus, elle a consacré le rôle ultime de la Cour suprême dans l'interprétation de la Constitution, lorsque les résultats d'un vote sont incertains et peuvent être contestés.

1980 À 1996 : RÉALIGNEMENT IDÉOLOGIQUE DE L'ÉCHIQUIER POLITIQUE

Le républicain Ronald Reagan remporta l'élection présidentielle de manière éclatante en 1980. Ancien acteur, démocrate devenu républicain dans les années 1950, élu deux fois gouverneur de la Californie, Reagan allait devenir le porte-drapeau du mouvement conservateur aux États-Unis. Ce mouvement, pourtant fort dans les années 1950, avait subi une écrasante défaite en 1964, lorsque le sénateur républicain de l'Arizona, Barry Goldwater, avait été candidat à la présidence. Avec Ronald Reagan, l'idéologie conservatrice vécut une véritable renaissance.

Dans l'après-guerre, l'idéologie conservatrice américaine gravita autour d'un élément central : l'anticommunisme. Mais, à partir des années 1970, s'y ajoutèrent la réduction de la taille du gouvernement, la nécessité de préparer des budgets équilibrés et surtout la baisse des impôts. Avec Reagan se renforcèrent des idées comme la décentralisation (autonomie des États) et réapparut avec plus de fermeté le discours sur « la loi et l'ordre ». Pour les ténors du mouvement conservateur, la venue de

Ronald Reagan au pouvoir signa la fin de 40 ans de libéralisme politique et d'interventionnisme de l'État, qui avaient débuté pendant les quatre mandats de Franklin D. Roosevelt (1933-1945).

Parce qu'il maîtrisait fort bien le puissant média qu'est la télévision, Ronald Reagan a su faire accepter son « conservatisme » sans effrayer outre mesure le peuple américain. On l'appelait, à juste titre, *The Great Communicator*. C'est en partie grâce à lui que l'idéologie conservatrice, avec son anticommunisme traditionnel et ses relents religieux, est devenue davantage *mainstream*, un courant dominant.

La classe moyenne américaine, croyant à tort ou à raison qu'elle faisait les frais de certains abus de l'État-providence, était devenue plus réceptive à ce nouveau discours qui valorisait l'individu et son sens des responsabilités. Ronald Reagan avait même réussi à séduire certains démocrates que l'on appelait les *Reagan Democrats*. L'électorat se définissait de plus en plus comme « conservateur » ou « libéral » et de moins en moins comme républicain ou démocrate.

Les huit années pendant lesquelles Ronald Reagan fut président ont permis au mouvement conservateur de bénéficier de toute l'aura de la Maison-Blanche pour promouvoir sa vision dans tous les grands débats de la société américaine. Encore de nos jours, lorsque l'on analyse le débat qui entoure la reconnaissance du mariage entre conjoints de même sexe aux États-Unis, on ne peut que constater la force de ce réalignement idéologique en faveur des conservateurs qui se produisit durant les années Reagan.

Cette tendance conservatrice était tellement présente au cours de la décennie 1980-1990 que peu d'intervenants politiques osaient vraiment se définir comme « libéraux » sur la place publique. Ce glissement idéologique de l'électorat américain obligea Bill Clinton, candidat démocrate en 1992 contre Bush père, à réorienter l'ensemble des politiques du Parti démocrate en matière de fiscalité vers une position plus centriste, au grand dam de son aile gauche. C'est en s'appuyant sur une telle base idéologique que Bill Clinton, qualifié par certains de « président démocrate le plus républicain de l'histoire des États-Unis », put ramener les démocrates à la Maison-Blanche par ses victoires de 1992 et de 1996. C'est aussi ce recentrage du Parti démocrate qui peut expliquer la candidature de l'activiste Ralph Nader comme candidat du Parti vert à la présidence en l'an 2000, contre Al Gore et George W. Bush.

Si le mouvement conservateur domine encore aujourd'hui l'arène idéologique américaine, c'est donc d'abord et avant tout grâce à Ronald Reagan. L'élection de George W. Bush en 2000 et le retour d'une administration conservatrice à la Maison-

Blanche ne doivent pas être considérés comme un accident de parcours. Il faut plutôt y voir l'aboutissement d'un travail sans relâche visant à changer la mentalité de l'électeur moyen et à mettre en place un système de valeurs correspondant à une culture politique basée sur le conservatisme. La campagne de 2004 a subi les effets de ce réalignement idéologique de 1980. La pensée conservatrice reste toujours présente chez les républicains de 2008. Et les démocrates sont conscients que le réalignement idéologique qui date de l'ère Reagan n'est pas sans conséquence chez l'électorat à ce jour.

LA PÉRIODE VIETNAM-WATERGATE : CRISES À LA PRÉSIDENCE

La guerre du Vietnam (et ses conséquences dans le Sud-Est asiatique) fut un des grands événements qui ont marqué la Guerre froide. Jamais dans l'histoire des États-Unis une guerre n'a si profondément divisé les Américains! Entre 1960 et 1974, plus de 54 000 Américains moururent sur le champ de bataille et plusieurs autres milliers furent blessés. La guerre elle-même eut des répercussions directes sur la vie politique américaine.

Avec le recul, il semble juste de dire que la guerre du Vietnam fut davantage l'affaire de l'Exécutif (le président et son administration) que celle du gouvernement dans son ensemble (le président et le

Congrès). Dans les journaux, on s'y référait même régulièrement comme à « la guerre du président ». D'ailleurs, le Congrès n'a jamais formellement sanctionné cette guerre par un vote au Sénat, même si la Chambre des représentants, de son côté, votait, à intervalles réguliers de 90 jours, les crédits nécessaires pour en financer la poursuite.

La mort de nombreux soldats et la durée des hostilités qui ne semblaient jamais vouloir finir firent en sorte que ce conflit devint de plus en plus impopulaire auprès de la population. Il s'ensuivit des problèmes sérieux au sein même du Parti démocrate et le président démocrate Lyndon B. Johnson (1963-1969), celui-là même qui avait succédé à John F. Kennedy (1961-1963), fut de plus en plus contesté. Deux sénateurs démocrates, Eugene McCarthy et Robert Kennedy, le frère du défunt président, se déclarèrent prêts à défier son leadership et ils annoncèrent même leur intention, fait très rare dans la vie politique américaine, de se présenter aux primaires de leur parti contre « leur » président en exercice. Devant cette contestation au sein de son propre parti, Lyndon B. Johnson annonça, le 31 mars 1968, qu'il n'entendait pas solliciter un deuxième mandat à titre de président. En fait, la révolte de l'intérieur l'avait grandement déstabilisé et elle avait provoqué une crise de légitimité à la Maison-Blanche. C'est la force de la démocratie au sein de son propre parti, le Parti démocrate, qui lui

força la main et le conduisit à prendre la décision de
ne pas se représenter. Un événement historique
important, du jamais vu!

C'est à ce moment-là que, du côté du Parti républicain, Richard Nixon (1969-1974) entra en scène.
Considéré comme un politicien « fini » après sa
défaite devant John F. Kennedy en 1960, battu en
1962 aux élections pour le poste de gouverneur de la
Californie, Nixon tenta cependant, pour la deuxième
fois, de conquérir la présidence et il présenta sa
candidature à l'investiture du Parti républicain. Rusé
et expérimenté, Nixon misa sur les divisions qui
existaient dans la population et au sein du Parti
démocrate ainsi que sur l'impopularité grandissante
de la guerre du Vietnam. Il sut habilement faire
miroiter un plan de paix, alors secret, qui aurait
permis un retrait graduel, dans l'honneur, des troupes
américaines et leur départ du sol vietnamien. Sans
qu'il ait eu à dévoiler le contenu de son plan avant
l'élection, il fut élu président en novembre 1968,
contre le candidat démocrate, Hubert H. Humphrey.

Malgré certaines politiques audacieuses et novatrices
dans le domaine des affaires étrangères, comme la
reconnaissance de la République populaire de Chine
en 1972, le premier mandat de Richard Nixon fut
marqué, entre autres, par une aggravation de la
guerre du Vietnam et son extension géographique au
Cambodge et au Laos. Cela se produisit malgré la

politique de « vietnamisation » de la guerre, c'est-à-dire malgré le retrait graduel des troupes américaines et leur remplacement par des troupes sud-vietnamiennes.

Aux États-Unis, les manifestations contre la guerre prirent de l'ampleur et atteignirent leur paroxysme après la mort de quatre étudiants à l'Université de Kent State en Ohio. Les parents de cette nouvelle génération de jeunes nés après la Seconde Guerre mondiale, cette majorité silencieuse à qui Nixon avait promis la fin de la guerre du Vietnam, voyaient avec effroi quatre de leurs enfants tués en sol américain par la Garde nationale aux ordres de leur propre gouvernement. Rien d'étonnant, donc, à ce que Nixon et ses plus proches conseillers aient nourri des doutes quant à la possibilité de sa réélection en 1972.

Nixon, un politicien des années 1950 et un « produit » de la Guerre froide, voyait des complots partout et il était convaincu qu'il avait des adversaires non seulement parmi les démocrates, mais aussi parmi certains fonctionnaires, dans les médias et au sein même de son administration. Il décida alors, avec certains de ses plus proches collaborateurs, de mieux assurer sa réélection en ayant recours à des méthodes pour le moins douteuses. Ce que fit « le Comité pour la réélection du président ». Les membres de ce comité commirent des gestes de nature criminelle qui violaient la Constitution américaine. La mentalité d'assiégés qui régnait à la Maison-Blanche s'était révélée porteuse des ingrédients qui allaient mener tout droit au scandale du Watergate.

C'est peu après la réélection de Nixon en 1972, avec une majorité écrasante, que ce scandale éclata au grand jour. À partir d'une simple enquête pour vol et entrée par infraction dans les bureaux des démocrates au complexe du Watergate (un édifice au centre-ville de Washington), on en vint, de fil en aiguille, à découvrir qu'une équipe clandestine, dirigée depuis la Maison-Blanche, entretenait des activités illégales dirigées contre de présumés « ennemis ». Ainsi, d'anciens agents du FBI et de la CIA et le procureur général John Mitchell travaillaient en étroite collaboration avec le Comité pour la réélection de Richard Nixon et ses principaux conseillers à la Maison-Blanche. On put démontrer, sur la base de preuves incontestables, qu'ils furent, avec le président Nixon lui-même, les acteurs principaux d'un véritable complot politique.

Non seulement l'intégrité du Parti républicain fut mise en cause, mais également celle de la présidence. Le sénateur républicain de l'Arizona de l'époque, Barry Goldwater, reconnu comme le sage du Parti républicain, recommanda à Richard Nixon de démissionner pour ne pas avoir à faire face aux humiliantes procédures de destitution (l'*impeach-ment*) et pour préserver l'image de la présidence des États-Unis dans le monde.

Ce sont donc deux présidents successifs, le démocrate Lyndon B. Johnson et le républicain Richard Nixon, qui ont dû quitter leur poste contre leur gré. Ces deux crises majeures, survenues au cœur même du pouvoir américain, forcèrent le Congrès à prendre des mesures strictes afin de contrôler davantage la politique étrangère des États-Unis et d'assurer une plus grande transparence dans le financement des campagnes électorales. Depuis le Watergate, en effet, la Chambre des représentants a voté des lois qui limitent les contributions partisanes de la part du public et des entreprises privées, qui rendent obligatoire la divulgation du nom des donateurs et qui garantissent plus de transparence dans les dépenses électorales. En 1974, le Congrès a également créé la *Federal Election Commission* qui a pour mission de superviser la tenue des élections fédérales et de gérer les fonds publics accordés aux partis et à leurs candidats. Bref, le Congrès s'est donné le pouvoir de jeter un regard plus critique sur les décisions du président dans l'exercice de ses fonctions et les comportements des partis politiques.

1960 : LE DÉBUT DE L'ÈRE DES COMMUNICATIONS

Avant 1960, les campagnes électorales aux États-Unis étaient somme toute fort classiques. Les candidats se déplaçaient en utilisant les moyens de transport traditionnels et, outre les discours et les messages à la radio, ils participaient surtout à des rassemblements massifs de partisans. Le contact avec l'électeur était plus direct qu'aujourd'hui. Les campagnes de publicité étaient beaucoup plus modestes et limitées à une région ou à un État. Même s'il y avait la télévision aux États-Unis depuis 1948, on n'avait pas encore compris ni exploité à sa juste valeur le fait qu'elle permettait d'atteindre une grande masse d'électeurs en même temps. Le rôle des sondages était presque négligeable et une seule maison, Gallup, dominait le marché de la recherche sur l'opinion publique.

Après huit années de présidence de Dwight D. Eisenhower (1953-1961), les États-Unis entraient dans une nouvelle ère, celle des communications de masse. L'élection de 1960 vit la télévision entrer avec vigueur dans les campagnes électorales. En fait, la société et la culture américaines avaient radicalement changé durant les années 1950 avec l'exode vers les banlieues, l'avènement du *rock'n roll*, l'introduction de la télévision dans chaque foyer et la lutte pour les droits civils des Afro-Américains. À la fin de cette décennie de transition, les Américains

élisaient pour la première fois un président né au
XXe siècle.

Tout comme Al Gore en l'an 2000, Richard Nixon
partait favori à l'élection de 1960. Il était vice-
président sortant, membre d'une administration très
populaire, et il avait connu son heure de gloire en
1959 lors d'un débat contre Nikita Khrouchtchev,
alors président de l'Union soviétique. Il avait su
défendre avec succès, aux yeux des Américains, le
système capitaliste américain contre le communisme.
Sa réputation de politicien rusé semblait donc devoir
l'aider considérablement dans sa lutte contre un
adversaire plus jeune, moins expérimenté et moins
connu du grand public.

John F. Kennedy avait deux grands handicaps : son
jeune âge et sa religion. Être catholique et être au
début de la quarantaine n'étaient pas nécessairement
les meilleurs atouts dans un pays où l'on se méfiait
encore de l'influence que le Vatican pouvait avoir.
Kennedy partait donc battu et même l'*establishment* du
Parti démocrate doutait de sa capacité à vaincre Nixon.

À la suite d'une campagne captivante et très serrée,
marquée surtout par la performance de John F.
Kennedy lors des débats télévisés, celui-ci l'emporta
de justesse. Pour la première fois de l'histoire
électorale américaine, l'organisation de Kennedy avait
mené une campagne moderne au cours de laquelle le

rythme avait été donné par les médias. Dès lors, les sondages et la publicité politique commencèrent à jouer un plus grand rôle au sein des partis politiques et ils exercèrent une influence de plus en plus grande sur le public. En effet, c'étaient bien le charisme et le charme personnel de Kennedy qui avaient conquis l'électorat. La preuve en est que les gens qui avaient écouté les débats à la radio eurent plutôt tendance à favoriser Nixon. Mais le nouveau moyen de communication qu'était la télévision avait profité à Kennedy. Dorénavant, les mots « charisme » et « télégénique » allaient faire partie du vocabulaire politique.

L'AIDE-MÉMOIRE

Dans ce chapitre ont été étudiés, d'une façon assez brève, quatre épisodes de la vie politique américaine depuis 1960. Ceux-ci ont influencé le choix des présidents, l'organisation des campagnes électorales, la loi sur le financement des partis politiques et leur démocratisation. Tous ces éléments et leurs développements seront présents dans la campagne de 2008.

Voici les points principaux.

• L'importance primordiale des médias, des sondages et de la publicité et maintenant d'Internet est incontestable.

• Les débats télévisés (impliquant les candidats à la présidence et à la vice-présidence) sont incontournables.

• La démocratie interne des deux grands partis est déterminante.

• Un plus grand contrôle des finances électorales est devenu essentiel. Les partis sont sous surveillance et le financement public s'est accru au fil des ans.

• Le réalignement idéologique en faveur des conservateurs force les démocrates à se déplacer idéologiquement vers le centre et, à l'occasion, à s'aliéner leur base de gauche.

• Les procédures de vote ne sont pas uniformes et les États-Unis ne sont pas à l'abri d'une répétition du fiasco de la Floride en l'an 2000.

• La montée d'Internet a un impact croissant sur la conduite des élections aux États-Unis.

• L'imputabilité du président envers son parti et le Congrès est un élément clé de la politique américaine; les législations existantes reflètent cette réalité.

CHAPITRE 2

GOUVERNER EN AMÉRIQUE

Dans l'histoire de l'humanité, il n'y a pas eu de démocratie plus stable et plus durable que celle des États-Unis d'Amérique. En plus de 230 ans d'existence, les États-Unis ont su faire face à de nombreux défis sociaux et politiques de grande envergure : assassinats de présidents en exercice, guerre civile et participation à des guerres mondiales, krachs boursiers, crises constitutionnelles majeures comme l'affaire du Watergate et la controverse autour de l'élection de l'an 2000, affrontements raciaux, vagues d'immigration massive, explosion démographique, croissance économique sans pareille depuis 1945, reconnaissance du pays comme la superpuissance militaire de la planète, etc. Au fil des crises, le système politique américain a su s'adapter aux conditions nouvelles et même modifier ses structures sans mettre en danger les grands principes associés à la démocratie et à la liberté.

Les États-Unis d'Amérique sont issus d'une guerre révolutionnaire qui dura sept ans, de 1776 à 1783, et qui fut menée contre le pouvoir colonial de l'époque, la Grande-Bretagne. Contrairement au Canada, où les modifications constitutionnelles relèvent de l'évolution de la société et de ses lois (sauf en ce qui concerne les rébellions de 1837-38 dans le Bas-Canada et le Haut-Canada), l'expérience américaine est le résultat d'une révolte des colons qui prirent les armes pour s'opposer à la « taxation sans représentation » de la mère patrie. Ce fondement « révolutionnaire » resta imprégné dans la culture politique américaine tout au long des décennies qui suivirent la fin de la Guerre d'indépendance.

Ce n'est qu'en 1787, c'est-à-dire après quatre années d'efforts, de négociations, de pourparlers et d'échecs, que les révolutionnaires américains purent s'entendre sur un projet de Constitution. Dès 1789, lors de la première réunion du nouveau Congrès fédéral à New York, 12 amendements à la Constitution furent présentés. Sur ces 12 amendements proposés, les représentants des États en adoptèrent 10 en 1791. Ils furent enchâssés dans la Constitution et sont désormais connus comme le *Bill of Rights*. Cette dernière garantit aux citoyens américains les libertés fondamentales telles que la liberté de religion, la liberté de parole, la liberté de presse, le droit de réunion, le droit de pétition, le droit de porter des armes et le droit à un procès équitable.

GOUVERNER EN AMÉRIQUE **53**

Tout comme le Canada, les États-Unis ont une constitution qui définit les grands principes régissant le gouvernement du pays et les institutions politiques. Il existe également de nombreuses conventions « non écrites » qui en influencent largement l'application. Il suffit de penser, par exemple, à l'existence et au fonctionnement des partis politiques ainsi qu'à leurs impacts sur le processus électoral, toutes choses dont il n'est aucunement fait mention dans la Constitution.

WE THE PEOPLE...

« Nous, le Peuple... », ces trois mots par lesquels commence le préambule de la Constitution sont parfaitement représentatifs de la démocratie américaine. La Constitution fédérale est le pilier sur lequel repose tout le système de gouvernement et toute la légitimité des institutions politiques de la nation américaine. Document relativement court (il comprend seulement sept articles auxquels il faut ajouter les dix amendements adoptés en 1791 et 17 autres amendements adoptés depuis lors), la Constitution décrit la structure du gouvernement fédéral, les droits et les libertés des citoyens, les objectifs du gouvernement national et les moyens que celui-ci doit ou peut utiliser pour les atteindre. Elle a préséance sur chacune des constitutions des États et sur toutes les lois adoptées par le Congrès ou par les législatures des États. Elle est donc, dans les faits, la « loi suprême du pays ».

La Constitution américaine définit chacune des trois branches du gouvernement et elle attribue à chacune d'elles les pouvoirs qui lui sont propres (la séparation des pouvoirs) :
- le pouvoir exécutif, c'est-à-dire le pouvoir de diriger le pays en se fondant sur les lois;
- le pouvoir législatif, c'est-à-dire le pouvoir de voter les lois régissant le fonctionnement de la société;
- le pouvoir judiciaire, c'est-à-dire le pouvoir d'interpréter les lois.

Le président et son cabinet (environ une dizaine de personnes) forment la branche exécutive, alors que le Congrès (la Chambre des représentants et le Sénat) constitue la branche législative. La branche judiciaire est, quant à elle, représentée par la Cour suprême et par l'ensemble des différents tribunaux du pays. Il est intéressant de noter que l'article premier de la Constitution américaine a pour objet la définition du pouvoir législatif (assumé par le Congrès) auquel les Pères fondateurs attribuent donc une certaine préséance sur le pouvoir exécutif (la présidence).

La Constitution américaine fixe aussi les dates des élections et détermine les mandats des élus au fédéral. L'élection présidentielle a lieu à date fixe, c'est-à-dire qu'elle a toujours lieu le mardi suivant le premier lundi du mois de novembre (en 2008, ce sera le mardi 4 novembre) et l'élection est organisée toutes les années du calendrier dont le nombre est divisible par quatre. Le mandat des représentants à la Chambre est d'une durée de deux ans et celui des sénateurs est de six ans.

La Constitution américaine définit très clairement le pouvoir qu'a le gouvernement fédéral de lever des impôts, de déclarer la guerre et de réglementer les échanges commerciaux internationaux, comme dans le cas de l'ALENA. Par ailleurs, les États membres de l'Union ne peuvent, sans l'accord du Congrès, frapper leur propre monnaie, entretenir des troupes ou des navires de guerre, conclure des accords ou des traités internationaux hors de leur juridiction et déclarer la guerre.

Dans le cas où le président gérerait le pays de façon fautive (infractions aux principes de la Constitution) ou commettrait des actes criminels (vol, mensonge, etc.), la Constitution américaine prévoit une procédure de destitution appelée *impeachment*. Dans ces cas, la Chambre des représentants doit d'abord voter une mise en accusation. Puis l'accusé est jugé par le Sénat, exceptionnellement présidé, pour la circonstance, par le premier magistrat de la Cour suprême. C'est cette procédure qui a été appliquée lors du procès en vue de la destitution du président Clinton dans le cadre de l'affaire Lewinski. Bill Clinton fut acquitté par le Sénat et put de ce fait compléter intégralement son mandat. Il y eut seulement un second cas d'*impeachment*, celui d'Andrew Johnson en 1867, et lui aussi fut acquitté par le Sénat.

Il y a deux manières d'introduire un amendement dans la Constitution. S'il s'agit d'une initiative du gouvernement fédéral, l'amendement proposé doit d'abord obtenir l'assentiment des deux tiers des membres des deux chambres du Congrès puis doit être ratifié par au moins les trois quarts des États. S'il s'agit d'une initiative émanant de la législature d'un État, l'amendement proposé doit recevoir l'appui des deux tiers des États et doit ensuite être approuvé lors d'une convention constitutionnelle. Jamais encore un amendement n'a été adopté selon cette dernière formule.

La dernière tentative d'introduire un amendement dans la Constitution a eu lieu il y a 4 ans. Au mois de février 2004, le président Bush a proposé que soit enchâssée dans la Constitution la définition du mariage comme étant l'union d'un homme et d'une femme. La procédure d'amendement n'a cependant même pas atteint la première étape : elle a été stoppée, en juillet 2004, alors que la motion déposée au Sénat était battue par 50 voix contre 48.

Lorsque les 13 colonies de la Nouvelle-Angleterre se séparèrent de l'Angleterre en 1776, chacune d'entre elles se dota d'une constitution propre. C'est ainsi que de nos jours, chacun des 50 États jouit de prérogatives particulières relativement à la conduite de ses propres affaires. Il peut s'agir de son organisation générale (structure du gouvernement, élections, mandats, etc.), des conditions et des relations de travail, des lois régissant le mariage et le divorce, de la fiscalité locale (budget de l'État, impôts, taxes, etc.) ou des pouvoirs de police (police d'État, prisons locales, etc.). Ces prérogatives peuvent différer grandement d'un État à l'autre, en fonction de la Constitution ou des lois de ces États.

Il importe de souligner que la Constitution de chacun des États américains donne le droit à chacune des législatures de déterminer légalement le découpage et la redistribution des districts fédéraux, selon la densité de la population de l'État (c'est dans ces districts fédéraux que sont élus les représentants de l'État à la Chambre des représentants à Washington). Le gouverneur de l'État peut aussi jouer un rôle important au Congrès américain, car si un siège devient vacant, il appartient au gouverneur de l'État dont relève ce siège de nommer un nouveau représentant pour terminer le mandat du représentant précédent. Vous pouvez consulter une version française annotée de la Constitution américaine à l'annexe 2 (voir p. 241).

LES PRINCIPES DIRECTEURS DE LA DÉMOCRATIE AMÉRICAINE

Le suffrage universel

Dans une démocratie, l'électeur est au centre de toutes les préoccupations. De nos jours, à l'aide de méthodes de recherche de plus en plus sophistiquées, on tâte le pouls et scrute le cœur des électeurs dont on cherche à connaître les plus profondes motivations. Aux États-Unis, nombreux sont les scrutins de tous ordres visant à élire, en plus du président, les shérifs, juges, commissaires, maires, conseillers municipaux, sénateurs et représentants, sans oublier les initiatives et les référendums, etc. À tel point que, de l'extérieur, on a quelquefois l'impression que les Américains sont constamment en train de voter.

Comme dans l'ensemble des démocraties modernes, la volonté du peuple américain s'exprime par des élections au suffrage universel. Cela signifie donc – même s'il y a quelques exceptions – que tout citoyen âgé de 18 ans ou plus et inscrit sur la liste électorale a le droit de vote aux États-Unis. En a-t-il été toujours ainsi ? Non, bien au contraire. La progression vers le suffrage universel s'est étalée sur plusieurs décennies et elle a fait l'objet de nombreuses luttes sociales.

En 1789, lors de l'adoption de la Constitution, le droit de vote fut accordé seulement aux hommes (blancs) qui possédaient une propriété. La première grande réforme fut l'abandon de la condition de « propriété » au milieu de XIXe siècle. En 1920, il y a à peine 88 ans, le droit de vote fut accordé aux femmes après de nombreuses années de lutte et de revendication de la part des suffragettes. D'ailleurs, le Parti démocrate a célébré cet avancement démocratique en accordant une place de choix à Hillary Clinton lors de sa convention à l'investiture.

En 1971, à l'époque de la guerre du Vietnam, l'âge requis pour voter a été abaissé de 21 à 18 ans. Le fait que les jeunes Américains pouvaient être appelés à combattre dès l'âge de 18 ans ne fut sûrement pas étranger à cet élargissement du suffrage universel.

En 1965, surtout grâce à l'action politique des Afro-Américains, le *Voting Rights Act* a permis l'abolition de nombreux obstacles empêchant les minorités d'exercer leur droit de vote. Cette législation visait à éliminer les subterfuges utilisés par les administrations ségrégationnistes de nombreux États du Sud pour le restreindre et elle avait pour but d'amener le plus grand nombre possible d'électeurs à voter.

De nos jours, l'accès constitutionnel au droit de vote paraît être une question réglée. Par contre, ce qui inquiète la classe politique, c'est le manque d'uniformité et de fiabilité de certaines méthodes de scrutin et, surtout, la baisse constante du taux de participation. Le cas de la Floride lors de l'élection présidentielle de l'an 2000 et dans une moindre mesure le cas de l'Ohio en 2004, ont en effet claire-ment démontré que, si le fait de pouvoir voter est un droit acquis, l'exercice de ce droit est cependant loin d'être simple et le dépouillement des votes manque parfois de transparence et d'uniformité.

Malgré une remontée sensible en 2004, le débat sur la faiblesse du taux de participation demeure ouvert. À ce sujet, plusieurs facteurs sont évoqués. Tout comme au Canada et au Québec, on souligne l'in-différence de la population vis-à-vis de la politique et la montée d'un certain cynisme. Le caractère négatif des stratégies et des publicités électorales lors des campagnes est également mentionné.

S'il faut en croire les sondages, l'impact d'Internet et la participation massive lors des primaires démo-crates (plus de 36 millions de votes exprimés), la participation des jeunes pourra être à la hausse le 4 novembre 2008.

Tout comme en 2004, plusieurs groupes commu-nautaires et mouvements sociaux se sont égale-ment donné comme objectif, avec l'appui de célé-brités du monde du spectacle, d'éveiller l'intérêt de leurs concitoyens en organisant des campagnes de sensibilisation non partisanes en vue de favoriser une plus forte participation électorale. Malheureusement, ce sont les minorités et les plus démunis de la société qui, le plus souvent, manquent à l'appel. Autre fait troublant, on a estimé que près de 40 millions de femmes admissibles à voter n'ont pas exercé leur droit de vote en l'an 2000. Bien malin celui ou celle qui pourra prévoir quel sera l'effet autant de l'absence de Mme Clinton comme colistière de Barack Obama ou que de la présence de Sarah Palin auprès de John McCain sur la mobilisation des femmes pour l'élection de 2008.

Poids et contrepoids des pouvoirs (*checks & balances*)

Le mode de gouvernance de l'État fédéral, tel qu'il a été défini dans la Constitution, repose sur le principe de la séparation des pouvoirs, mais également sur celui de l'équilibre des pouvoirs. C'est ce que les Américains appellent communément le *checks & balances*, l'équilibre des poids et contrepoids. Le but est d'empêcher la prépondérance d'un de ces pouvoirs (exécutif, législatif ou judiciaire) sur les deux autres et de faire en sorte que les dirigeants politiques du pays ne puissent pas concentrer simultanément et indéfiniment ces trois pouvoirs entre leurs mains. Dans l'exercice de leurs pouvoirs respectifs, les trois branches du gouvernement dépendent en effet, dans une certaine mesure, des deux autres et il arrive que leurs fonctions s'entremêlent.

En cela, le système américain diffère du système parlementaire britannique ainsi qu'il est appliqué au Canada, où les membres de l'Exécutif tirent leur légitimité de leur appartenance au parti politique qui détient le plus de sièges au parlement (le législatif). Ce principe, dans la démocratie canadienne, est défini comme la « fusion des pouvoirs ».

En fait, l'équilibre des pouvoirs (le *checks & balances*) fait office de police d'assurance contre une trop grande concentration de pouvoirs entre les mains d'une seule personne, comme le président, ou au profit d'une seule branche de l'État (le Congrès, par exemple) au détriment des deux autres. Ainsi, même si le président possède un droit de veto sur les décisions législatives du Congrès, ce dernier peut renverser le veto présidentiel par un vote des deux tiers des membres du Sénat et de la Chambre des représentants. De son côté, tout comme au Canada, la Cour suprême peut invalider toute loi jugée non conforme à la Constitution.

L'électeur américain a de nombreux choix à faire le jour du vote. Il a donc la possibilité d'exercer son libre arbitre et d'intérioriser à sa façon l'équilibre des pouvoirs. Il peut voter à la fois pour le candidat d'un parti à la présidence et pour le candidat d'un autre parti au Sénat ou à la Chambre des représentants. On appelle cela le *ticket splitting* (on y reviendra au chapitre 5). Il est arrivé fréquemment dans l'histoire américaine qu'un parti domine la totalité du Congrès (majorité à la Chambre des représentants et majorité au Sénat) et que la Maison-Blanche soit occupée par un président issu d'une autre formation politique. Il en fut ainsi sous Richard Nixon (entre 1968 et 1974) et sous Ronald Reagan (entre 1981 et 1989). On a estimé que lors de l'élection de l'an 2000, 20 % des électeurs ont voté pour des candidats de partis différents lors de leur vote pour la présidence et pour un représentant. En fait, on a constaté que dans 40 % des districts électoraux où George W. Bush (un républicain) avait obtenu une majorité de votes pour la présidence, les mêmes électeurs avaient élu un candidat démocrate à la Chambre des représentants. D'ailleurs, après les élections de mi-mandat de 2006, le président Bush a exercé la cohabitation politique avec un Congrès dominé par les démocrates.

Ces mêmes principes de séparation et d'équilibre des pouvoirs sont appliqués dans les 50 États de l'Union relativement aux fonctions de gouverneur (l'Exécutif), de la Chambre des représentants, du Sénat de l'État (le législatif) et de la Cour suprême de l'État (le judiciaire).

Le fédéralisme

L'idéal de vouloir « former une Union plus parfaite » fut, sans contredit, le plus grand défi auquel les représentants des 13 nouveaux États durent faire face en 1787. Aujourd'hui, en 2008, la tâche demeure toujours aussi ardue pour les 50 États de l'Union. Ainsi, tout en reconnaissant qu'il est nécessaire d'avoir un gouvernement national tirant sa légitimité du peuple, les Pères fondateurs de la Constitution américaine ont toujours cherché à préserver la souveraineté des États comme institutions gouvernantes. Les États-Unis ont ainsi opté pour un mode de gouvernement de type fédéral, le fédéralisme étant un système basé sur la répartition de la souveraineté et de l'autorité entre un gouvernement central et des gouvernements locaux (les États). Ce système repose donc sur le partage de juridictions et de pouvoirs entre les États et le gouvernement national à Washington. C'est une caractéristique que les États-Unis partagent avec le Canada.

Dans l'histoire des États-Unis, il y a eu plusieurs conflits entre l'État fédéral et les États relativement à la primauté de leurs juridictions. Le plus controversé et le plus célèbre fut celui qui mena au déclenchement d'une guerre civile, plus précisément la guerre de Sécession, qui eut lieu entre 1861 et 1865. La question fondamentale, à l'époque, était de savoir qui, du gouvernement central ou des nouveaux États de l'Union, avait le droit et la capacité de réglementer l'esclavage. Les États du Nord soutenaient que ce pouvoir relevait strictement du gouvernement fédéral, tandis que les États du Sud maintenaient que toute législation relative à l'expansion de l'esclavage, à la possession d'esclaves et à l'abolition de l'esclavage était plutôt du ressort des États. Convaincus de leur bon droit, 11 États du Sud firent sécession. La guerre de Sécession se termina par la victoire de l'Union (le Nord) sur les États confédérés d'Amérique (le Sud), par la réintégration de ces derniers dans l'Union et par la reconnaissance définitive de la primauté du droit de l'État fédéral en ce qui concerne les questions d'esclavage.

Même si les énoncés contenus dans la Constitution fédérale et ceux qui figurent dans les constitutions des États sont généralement identiques ou complémentaires, il arrive parfois qu'ils soient contradictoires. Les conflits d'interprétation qui en résultent sont soumis au jugement de la Cour suprême. Cour de dernière instance, c'est aussi à la Cour suprême que l'on appelle des jugements des autres cours aux États-Unis.

La durée du mandat du gouverneur varie également d'un État à l'autre (de deux à quatre ans) ainsi que le mode de scrutin lors d'élections législatives. Il en va finalement de même pour l'organisation, la préparation et la tenue des élections présidentielles et des élections des membres du Congrès.

Le fédéralisme pratiqué aujourd'hui aux États-Unis est un mélange de coopération et de conflit. On qualifie le système de « fédéralisme compétitif » lorsque les États et le gouvernement fédéral sont en compétition dans un domaine de politique intérieure. Quand les relations entre l'État fédéral et les États sont généralement de nature consensuelle, on parle de « fédéralisme coopératif ».

La démocratie indirecte (le Collège électoral)

Le Collège électoral est une institution tout à fait unique, inscrite dans la Constitution, qui a été mise en place pour agir uniquement dans le cadre d'une élection à la présidence. En instituant le Collège électoral, les Pères fondateurs de la Constitution américaine ont voulu créer un mécanisme permettant de « corriger » l'élection d'un président par le peuple s'il advenait que celui-ci ait élu un candidat considéré inapte à occuper cette fonction.

Ce qu'il faut comprendre, c'est que ce n'est pas le vote populaire dans l'ensemble du pays qui détermine le vainqueur d'une élection présidentielle, mais bien le vote des « grands électeurs » membres du Collège électoral. Ce sont ces derniers qui confirment la victoire des candidats de l'un ou l'autre parti aux postes de président et de vice-président des États-Unis. C'est en fonction de ce mode de fonctionnement que la démocratie américaine doit être définie comme une démocratie « indirecte ».

Les grands électeurs, habituellement des notables, sont membres des partis politiques et sont répartis par États. Chaque État se voit attribuer un nombre de grands électeurs correspondant au nombre de ses élus au Congrès (Chambre des représentants et Sénat). Suivant le résultat du vote populaire dans leur État, les grands électeurs appuient en bloc le candidat à la présidence ayant obtenu le plus de voix dans leur État. C'est le principe du *winner takes all*, c'est-à-dire que le candidat à la présidence qui obtient la pluralité simple des voix d'un État gagne la totalité des votes des grands électeurs. Les seules exceptions sont les États du Maine et du Nebraska, où le choix des grands électeurs se fait selon une formule proportionnelle.

Le Collège électoral est formé de 538 grands électeurs. Ce nombre est atteint par l'addition du nombre d'élus à la Chambre des représentants (435) et du nombre de sénateurs (100) plus trois personnes représentant le District of Columbia (région de la capitale nationale, Washington). Pour être élu président, un candidat doit donc obtenir la majorité des voix au Collège électoral, c'est-à-dire 270.

Cette répartition détermine en grande partie les stratégies électorales des partis, car elle les conduit à cibler particulièrement les États ayant le plus grand nombre de grands électeurs. Il ne faut donc pas être surpris si, dans les partis, les organisateurs des campagnes électorales ont tendance à concentrer leurs efforts sur les États les plus populeux comme la Californie (55 grands électeurs), l'État de New York (31 grands électeurs), le Texas (34 grands électeurs), la Floride (27 grands électeurs) et ainsi de suite.

Les grands électeurs se réunissent le premier lundi suivant le deuxième mercredi du mois de décembre, après la communication des résultats de l'élection présidentielle de novembre. Une réunion est alors tenue dans la capitale de chaque État (Albany pour l'État de New York, Sacramento pour la Californie, etc.). Les grands électeurs de chaque État votent pour les candidats à la présidence et à la vice-présidence ayant obtenu le plus grand nombre de voix dans leur État. Le résultat des votes des grands électeurs est transmis au président du Sénat, qui le rend public lors d'une séance spéciale du Congrès le 6 janvier (suivant) ou le lendemain s'il s'agit d'un dimanche.

En l'an 2000, le vice-président sortant et candidat démocrate à la présidence, Al Gore, a remporté le vote populaire national (par 540 000 voix), mais il fut défait en raison de la répartition des votes par États. Cette situation a ravivé de vigoureux débats sur la pertinence de cette institution dans le processus électoral américain. Un amendement constitutionnel serait nécessaire pour modifier celui-ci, mais rien de tel ne semble s'annoncer à l'horizon.

Huit ans plus tard, le débat reste entier et aucun mouvement vers un amendement constitutionnel pour revoir le rôle du Collège électoral n'a été amorcé.

Vous pouvez consulter le tableau de la répartition du nombre de sièges au Collège électoral par États en annexe 3 (voir p. 267).

Séparation entre l'Église et l'État

Le premier amendement de la Constitution américaine, adopté en 1791, stipule très clairement l'interdiction de l'établissement d'une religion officielle et promulgue par le fait même la séparation entre l'Église et l'État. Du même souffle, dans le même amendement, les Pères fondateurs ont pris grand soin de reconnaître à tout citoyen américain le libre exercice de sa religion. Un gouvernement laïc, certes, ce qui ne signifie pas que les États-Unis soient pour autant une société sans influence religieuse.

Il faut se rappeler que parmi les premiers colons américains plusieurs avaient fui l'ostracisme religieux en Europe. Mentionnons parmi ceux-ci les puritains, les calvinistes (au Massachusetts), les catholiques (au Maryland) ainsi que les quakers (en Pennsylvanie). Parmi les Pères fondateurs de la république, ce sont surtout James Madison et

Thomas Jefferson qui affirmaient que l'établissement d'une religion d'État ne pouvait qu'être nuisible pour le gouvernement. L'adoption du principe de la séparation entre l'Église et l'État aux États-Unis tient à la fois d'un courant pour la laïcité de l'État et d'un mouvement religieux, surtout présents chez les baptistes et les méthodistes qui craignaient que la reconnaissance d'une religion d'État ait comme effet de restreindre la liberté de religion des Américains.

Après 1787, une certaine relation privilégiée entre le protestantisme et le gouvernement a été préservée dans quelques-uns des États de l'Union. C'est en 1868, avec l'adoption du 14e amendement, que le principe de la séparation entre l'Église et l'État s'est appliqué, non pas uniquement au niveau fédéral, mais également au niveau des États.

Tout au long de l'histoire des États-Unis, il est possible de recenser de nombreux cas de liens étroits entre la religion et la politique. Les nombreuses références à Dieu dans les discours de plusieurs présidents comme Thomas Jefferson, Abraham Lincoln, Jimmy Carter, Ronald Reagan et, bien sûr, George W. Bush le démontrent fort bien. Qu'il suffise également de rappeler que l'on retrouve la mention *In God We Trust* sur le dollar américain.

Les valeurs religieuses furent en de maintes occasions au cœur de débats aux États-Unis. Elles influencent la controverse actuelle sur le libre accès à l'avortement ou la reconnaissance des mariages de personnes de même sexe. Par ailleurs, elles furent source de progrès lorsqu'elles animaient la lutte de ceux qui prônaient l'abolition de l'esclavage et la promotion des droits civils des minorités. Cela signifie-t-il pour autant que le principe de la séparation entre l'Église et l'État soit transgressé aux États-Unis? Non! Les valeurs religieuses sont très présentes et la Constitution stipule simplement que l'État ne doit en aucune façon prendre parti pour l'une ou l'autre des religions. Cela étant dit, les questions et les valeurs religieuses font partie du débat politique aux États-Unis. Durant cette campagne de 2008, des textes qui remettent en cause les croyances religieuses de Barack Obama ont circulé dans des blogues. La droite religieuse manque d'enthousiasme pour la candidature de John McCain malgré ses convictions religieuses. Ce qui explique en grande partie sa décision de nommer Sarah Palin comme colistière. Dans les circonstances actuelles, il serait impensable qu'un candidat athée ou ouvertement agnostique puisse se faire élire président dans l'Amérique de 2008.

LES GRANDES INSTITUTIONS DE GOUVERNANCE

La présidence

Avec la Constitution américaine fut instituée pour la première fois dans l'histoire de l'humanité la fonction de « président de la République ». George Washington (1789-1797) fut le premier président des États-Unis. Mais au cours des XVIIIe et XIXe siècles – sauf pendant la période de la guerre civile de 1861 à 1865, sous la présidence d'Abraham Lincoln – l'exercice du pouvoir, sur le plan national, a toujours été le fait, d'abord et avant tout, des membres du Congrès. Cela ne diminue en rien la contribution de George Washington et d'autres présidents célèbres comme Thomas Jefferson (1801-1817), John Adams (1797-1801) et James Madison (1809-1817), qui furent de grands bâtisseurs de la démocratie américaine.

Ce n'est qu'au début du XXe siècle que la présidence devint le réel centre du pouvoir et de la prise de décisions, tant sur le plan national qu'international. Ce glissement du pouvoir, du Congrès vers la présidence, s'amorça sous Theodore Roosevelt (1901-1909) qui, par la construction et le contrôle du canal de Panama ainsi que par sa vision d'une Amérique engagée sur la scène internationale, fit de la présidence une institution plus active et dominante. Sur le plan national, ce même Roosevelt fut très interventionniste en réglementant la trop grande concentration de pouvoir économique aux mains du secteur privé.

C'est sous Woodrow Wilson (1913-1921) que la place prépondérante des États-Unis s'est réellement affirmée sur le plan international. Après avoir obtenu, en 1917, que les États-Unis participent à la Première Guerre mondiale, Wilson fut le grand leader de la Conférence de Paris en 1919 au cours de laquelle les vainqueurs de cette guerre (Angleterre, France, États-Unis et Italie) ont reconfiguré le monde du XXe siècle. Il fut aussi un des instigateurs de la Société des Nations, créée en 1919 (organisme précurseur de l'Organisation des Nations unies), même si les États-Unis n'en ont jamais été membres, le Sénat américain n'ayant jamais ratifié le traité de Versailles.

Tout au long du XXe siècle, la présidence s'est arrogé des compétences qui, auparavant, étaient des prérogatives du Congrès. Cela n'est guère surprenant lorsque l'on se rend compte à quel point des présidents comme Franklin D. Roosevelt (1933-1945), Harry Truman (1945-1953), Dwight D. Eisenhower (1953-1961), John F. Kennedy (1961-1963), Lyndon B. Johnson (1963-1969), Richard Nixon (1969-1974) et Ronald Reagan (1981-1989) ont marqué leur pays. Encore récemment, c'est sous l'impulsion directe de leur président que les

Américains furent impliqués dans quatre autres guerres (Bush père : guerre du Golfe; Bill Clinton : guerre du Kosovo; Bush fils : guerres en Afghanistan et en Irak).

Il ne fait aucun doute que, de nos jours, le président des États-Unis est considéré comme le dirigeant politique le plus puissant de la planète. Toutefois, sans tenir compte de la puissance économique et militaire du pays, la présidence des États-Unis est surtout définie par la force de caractère de la personne qui occupe ce poste. À des moments critiques de l'histoire, la présidence, suivant la personne qui occupait le poste, fut reconnue tantôt comme un lieu de force, tantôt comme un lieu de faiblesse.

Le développement du monde des communications électroniques (radio et télévision) a eu un impact foudroyant sur l'extension du pouvoir présidentiel. Aujourd'hui, le président américain prononce fréquemment des discours et donne des conférences de presse à la radio et à la télévision et, modernité oblige, la campagne de 2008 a fait en sorte qu'Internet devienne un des canaux incontournables de diffusion du message politique.

Tous ces moyens de communication permettent au président de s'adresser directement à la population, de promouvoir sa politique et de faire valoir sa vision pour le pays. Il n'est plus dans l'obligation de voir ses messages et communications filtrés par le Congrès qui, à l'occasion, peut s'opposer à ses politiques et à ses décisions. Les Américains appellent communément ce lien direct du président avec le public le *bully pulpit*. Conclusion : au cours du XXe siècle, l'institution de la présidence a donc pris une importance qui va au-delà des intentions des Pères fondateurs et elle est devenue le lieu prépondérant de l'exercice du pouvoir.

Vous pouvez consulter une liste des présidents des États-Unis d'Amérique depuis 1789 à l'annexe 4 (voir p. 269).

Mandat et succession

Pour être élu président, il faut répondre à quatre conditions : être citoyen américain, être né aux États-Unis, avoir 35 ans ou plus et avoir vécu 14 ans au pays. Depuis 2001, le salaire du président est de 400 000 $US par année. Il dispose également de 50 000 $US pour ses dépenses et de 100 000 $US pour ses voyages.

Le président est élu pour un mandat d'une durée de quatre ans. Depuis la ratification du 22e amendement à la Constitution en 1951, le président ne peut être élu plus de deux fois (huit ans de présidence). Notons, au passage, qu'avant l'entrée en vigueur de cet amendement, dans l'histoire américaine, seul Franklin D. Roosevelt avait exercé le pouvoir pour plus de deux mandats consécutifs. Si une personne exerce la fonction de président pendant plus de deux ans en remplacement d'une autre personne (par exemple, en cas de décès du président en cours de mandat), elle ne pourra être élue à la fonction plus d'une fois. Le président peut être destitué (*impeachment*) s'il est reconnu coupable « de trahison, de pot de vin ou "d'autres crimes et malfaisance" ». Au cours des deux derniers siècles, 13 personnes ont été mises en accusation : neuf juges, un magistrat de la Cour suprême, un ministre de la guerre, un sénateur et deux présidents, soit Andrew Johnson en 1867 et Bill Clinton en 1998. Quant à Richard Nixon, il démissionna en 1974 avant d'être formellement mis en accusation.

La Constitution prévoit la succession du président. La Loi sur la succession présidentielle de 1947 précisa cependant davantage l'ordre de succession au poste de président en cas de crise. Le premier qui figure sur la liste est le vice-président, suivi, par ordre de préséance, du président de la Chambre des représentants, du président *pro tempore* (à ce moment-là) du Sénat et du secrétaire d'État.

Depuis 1967, le président en exercice peut nommer lui-même un vice-président en cas de vacance et cette nomination doit être ratifiée par le Sénat. En 1963, lorsque Lyndon B. Johnson devint président à la suite de l'assassinat de John F. Kennedy, il exerça le pouvoir sans l'appui d'un vice-président. En 1972, le président Nixon nomma Gerald Ford au poste de vice-président en remplacement de Spiro Agnew, qui s'était vu forcé de démissionner à cause d'actes de corruption qu'on lui reprochait d'avoir commis lorsqu'il était gouverneur du Maryland. Devenu président, ce même Gerald Ford détenait toute l'autorité constitutionnelle nécessaire, en vertu de cet amendement, pour nommer Nelson Rockefeller, ancien gouverneur de l'État de New York, au poste de vice-président.

La Constitution prévoit aussi le remplacement du président en cas de maladie grave ou d'incapacité mentale. Ainsi, le vice-président George H. W. Bush prêta serment à titre de président lorsque Ronald Reagan, ayant été victime d'un attentat en 1981, dut subir une grave intervention chirurgicale. De la même façon, le vice-président Cheney a également été assermenté président lorsque George W. Bush a dû subir, sous anesthésie, une légère intervention chirurgicale.

Chef de l'Exécutif

Les fonctions du président sont définies dans la Constitution. Comme nous l'avons déjà précisé, le président et son cabinet constituent la branche exécutive du gouvernement. En tant que chef de l'Exécutif, le président nomme plus de 3 000 personnes à différents postes au sein de l'administration gouvernementale. Ces postes sont très variés. Ils vont de celui de secrétaire d'État, à ceux des directeurs de commissions, jusqu'à ceux des avocats du gouvernement (*US Attorneys*). Toutes ces nominations sont reconnues comme relevant de l'Administration du président. Elles doivent être approuvées par le Sénat et celui-ci peut, s'il le juge à propos, faire usage de son droit de veto. Enfin, le président peut congédier toutes les personnes qu'il a nommées; elles occupent ces fonctions, comme l'expression le dit si bien, *at the pleasure of the President* (au bon gré du président).

Le budget du pays est préparé et présenté par le Bureau du budget, dont les membres sont également nommés par le président. Ce bureau du budget doit informer le Congrès des décisions présidentielles en ce domaine et les lui soumettre pour étude et approbation.

Le président a le pouvoir d'invoquer le « privilège exécutif » pour maintenir le secret sur des documents ou des conversations présidentiels. Ce privilège ne peut être aboli que par la Cour suprême. Le cas se produisit en 1973 à propos des conversations qui avaient été enregistrées par Richard Nixon et qui l'impliquaient dans le scandale du Watergate.

Le pouvoir du président peut aussi s'exercer par des directives et des proclamations, appelées « décrets exécutifs ». Ainsi, le président peut donner, sans obtenir l'aval du Congrès, des ordres qui ont force de loi, s'il les juge nécessaires et conformes aux meilleurs intérêts de la nation. Ce pouvoir est rarement utilisé et ce n'est qu'avec grande précaution qu'il est employé. En 1946, le président Truman émit un tel décret exécutif pour ordonner l'intégration raciale dans les forces armées des États-Unis. John F. Kennedy y eut aussi recours pour mettre fin à la discrimination raciale dans les logements publics. Enfin, le président Johnson émit, en 1965, un décret par lequel il exigeait que soit appliqué, au sein des entreprises qui bénéficiaient de contrats avec le gouvernement fédéral, un programme d'égalité d'accès à l'emploi pour les personnes appartenant à des minorités visibles.

Chef d'État

Comme chef d'État, le président est aussi le gardien de la Constitution. Il est le représentant officiel du pays et symbolise l'unité et l'identité collective de la nation. Une fois par année, comme l'ordonne la Constitution, le président doit faire un rapport (discours) sur l'état de l'Union devant le Congrès. Il dispose aussi d'un droit particulier : le « droit du pardon ». George Bush père (1989-1993) a accordé le pardon aux membres de l'administration Reagan condamnés dans l'affaire Iran-Contra. Pour sa part, Bill Clinton (1993-2001) a eu recours à ce pouvoir 146 fois durant les sept premières années de son mandat, mais cela demeure relativement peu par rapport aux 1 000 recours de Dwight D. Eisenhower (1953-1961) et aux... 2 044 recours de Harry Truman (1945-1953). Comme pour tous ses prédécesseurs, il faut prévoir que George W. Bush ne se privera pas de ce droit constitutionnel à la fin de son mandat.

En tant que chef d'État, le président reçoit les autres chefs d'État, les ambassadeurs et les ministres étrangers. Il peut aussi décider de la reconnaissance ou non d'États étrangers par le gouvernement américain. Ainsi, les États-Unis ont attendu 17 ans après la prise du pouvoir par les Bolcheviques pour reconnaître l'Union soviétique et 27 ans après la révolution chinoise pour reconnaître la République populaire de Chine. Enfin, lors de ses voyages à l'étranger, le président a le devoir de promouvoir les intérêts économiques, politiques et stratégiques des États-Unis.

Le commandant en chef des forces armées

Le président est le commandant suprême des forces armées. Toutefois, c'est le Congrès qui fait les déclarations de guerre et vote les crédits demandés par le président, après consultation des principaux généraux des forces armées. La Constitution prévoit en effet que les militaires doivent toujours rester subordonnés aux ordres des civils élus. Le président assiste aux réunions de stratégie et peut donner son avis sur les décisions prises. En définitive, c'est le président qui décide.

Le caractère « unilatéral » de la décision ordonnant l'envoi de troupes au Vietnam, prise par les présidents Kennedy, Johnson et Nixon sans l'approbation du Congrès, fit en sorte que la guerre ne fut jamais officiellement déclarée au Vietnam par le Congrès. Ces trois présidents se sont donc octroyé des pouvoirs qui allaient au-delà de ce que prévoit la Constitution. Depuis lors, le Congrès a pris les mesures nécessaires pour restreindre les initiatives présidentielles. Désormais, toute initiative de guerre de la part du président doit faire l'objet d'une approbation du Congrès dans les 90 jours.

En 2002, le Congrès a autorisé le président Bush à recourir aux forces militaires si l'Irak de Saddam Hussein ne respectait pas la résolution des Nations Unies concernant l'enquête sur les armes de destruction massive. Cette résolution fut interprétée par l'administration Bush comme un feu vert permettant aux États-Unis d'agir contre l'Irak sans que le président ait l'obligation d'obtenir l'aval du Congrès.

La décision du président George W. Bush de décréter un statut de « combattants illégaux » – *unlawful combattants* – réservé aux détenus de Guantanamo, emprisonnés depuis les guerres d'Afghanistan, est un autre exemple de ce type de décision.

L'entourage immédiat du président

À la Maison-Blanche, le président est entouré de son personnel, de ses conseillers et de toutes les personnes qui dirigent les commissions, par exemple le Conseil national de sécurité. Ce sont les « proches du président », les gens à qui il accorde toute sa confiance. Ils sont ses plus fidèles conseillers et ils ont une grande influence.

Depuis plusieurs années, le personnel du Bureau de la présidence s'est considérablement accru. Les élus et les médias critiquent cet état de fait et considèrent que ces « non-élus » détiennent trop de pouvoirs. Tout comme au Canada, force est de constater que cet *inner circle*, ce cercle de personnes influentes et privilégiées, prend une place de plus en plus importante dans la vie politique américaine. Enfin, le chef de cabinet a toujours l'oreille du président et il exerce souvent plus d'influence que les autres membres du cabinet.

La vice-présidence

Le seul devoir officiel du vice-président, mentionné dans la Constitution, est de présider les séances du Sénat et d'exercer son droit de vote en cas d'égalité du nombre des voix. Toutefois, le rôle du vice-président prend de plus en plus d'importance depuis la fin de la Seconde Guerre mondiale. Il arrive ainsi de plus en plus fréquemment que le vice-président remplace le président dans le cadre de certaines fonctions officielles (une fois sur trois on a vu l'accession du vice-président à la présidence). À l'occasion, le vice-président se voit même assigner des mandats spécifiques d'intérêt public. Ainsi, en 1993, le président Clinton a mandaté Al Gore pour diriger la réorganisation de l'appareil gouvernemental. Auparavant, John F. Kennedy (1961-1963) avait nommé Lyndon B. Johnson responsable du programme d'exploration spatiale.

Le vice-président sortant, Dick Cheney, est perçu comme l'un des plus puissants de l'histoire des États-Unis. Il est toujours présent et il est consulté pour toutes les grandes décisions que doit prendre l'administration Bush. On est loin de l'époque où Franklin D. Roosevelt (1933-1945) avait tenu son propre vice-président, Harry Truman (1945-1953), dans l'ignorance du projet Manhattan (fabrication de la bombe atomique), au point que ce n'est qu'à la mort de Roosevelt que Truman en fut informé.

Quel que soit celui qui l'emportera le 4 novembre, il est tout à fait juste de prévoir que le rôle et l'influence du vice-président demeureront prépondérants. Qu'il s'agisse de Joe Biden auprès de Barack Obama ou de Sarah Palin, colistière de John McCain, tout laisse présager que l'un et l'autre seront présents et actifs auprès du président.

Le Congrès

Le Congrès constitue le pouvoir législatif du gouvernement des États-Unis. Il est formé de la Chambre des représentants et du Sénat. C'est au Congrès que l'on débat des projets de loi et qu'on les adopte.

Tant au Sénat qu'à la Chambre des représentants, pour qu'un projet de loi puisse devenir une loi, il doit franchir trois étapes (que des amendements y soient apportés ou non), être étudié par les différents comités et obtenir un vote majoritaire. Après son adoption par le Sénat et la Chambre des représentants, la proposition de loi est soumise au président pour signature et approbation. Lorsque celui-ci est en désaccord en totalité ou en partie avec la loi proposée, il a le droit de refuser de la signer, exerçant ainsi son droit de veto. Fruit du principe du *checks & balances*, ce veto présidentiel peut cependant être renversé par un vote des deux tiers de la Chambre des représentants et des deux tiers du Sénat. Si cela se produit, le président se trouve dans l'obligation d'approuver la loi.

Un facteur important pour bien comprendre l'exercice du pouvoir au Congrès est le principe de l'ancienneté. Celui-ci s'applique aux deux chambres et permet une concentration de pouvoirs entre les mains des élus qui sont membres du Congrès depuis longtemps. L'ancienneté de ces élus renforce aussi le pouvoir du Congrès, particulièrement lorsqu'il tient tête au président.

Au Canada, le principe de la discipline de parti nous est familier. Dans le système britannique, en effet, l'Exécutif (le premier ministre et son Conseil des ministres) ne peut gouverner que s'il a la confiance de l'assemblée législative (Chambre des communes à Ottawa ou Assemblée nationale à Québec). La discipline de parti devient donc un enjeu stratégique fondamental. Dans le système américain, par contre, en raison de la division qui existe entre les pouvoirs exécutif et législatif, les élus, même s'ils demeurent fidèles à leur parti, ne sont pas soumis avec la même rigueur à la discipline du parti. Tant les sénateurs que les membres de la Chambre des représentants peuvent donc voter selon leur conscience ou leurs convictions personnelles. Ils peuvent même voter dans le sens du parti opposé. Cela fait partie de la culture du consensus bipartisan qui est une carac-téristique du système politique américain.

Depuis 1994, avec l'élection d'un Congrès dominé par les républicains sous la présidence de Bill Clinton, les tensions sont exacerbées entre le législatif et la présidence. L'esprit bipartisan et de coopération est moins présent et les débats sont grandement polarisés entre les démocrates et les républicains depuis.

Finalement, il revient aussi au Congrès de surveiller le président dans l'exercice de ses pouvoirs et de s'assurer qu'il n'outrepasse pas ceux que lui confère la Constitution des États-Unis. Seul le Congrès peut faire une déclaration de guerre.

La Chambre des représentants

La responsabilité principale de la Chambre des représentants est d'étudier le budget annuel soumis par le président, d'en débattre et de proposer des amendements. La Chambre des représentants est garante du budget fédéral. Les 438 membres qui forment cette Chambre représentent les 50 États de l'Union et le District of Columbia (Washington D.C.), mais de manière inégale, car chaque État a droit à un nombre de représentants proportionnel à sa population. Ainsi, la Californie, l'État le plus peuplé, envoie 53 représentants à la Chambre, alors que le Vermont n'en envoie qu'un seul.

Tous les dix ans, le nombre de représentants est révisé en fonction du dernier recensement national et peut donc être augmenté ou diminué si la population a elle-même augmenté ou diminué sensiblement. La détermination des districts électoraux en vue des élections à la Chambre des représentants relève de la législature de chaque État. Pour être éligible à la Chambre des représentants, il faut être citoyen américain, être âgé de 21 ans au moins et résider dans l'État que l'on désire représenter.

Le mandat des membres de la Chambre des représentants est d'une durée de deux ans, mais, contrairement au président, ils peuvent être réélus indéfiniment. Tous les membres de la Chambre doivent donc obtenir un nouveau mandat tous les deux ans, ce qui signifie que les États doivent organiser des élections à la Chambre en même temps que les élections présidentielles et à mi-mandat du président élu. Si un siège de représentant devient vacant, le gouverneur de l'État dont il relève a le pouvoir de nommer un remplaçant pour terminer le mandat du représentant élu. Les membres de la Chambre sont élus tous les deux ans parce que l'on considère qu'ils sont ainsi plus sensibles aux besoins et aux préoccupations de la population qu'ils représentent.

Pour un parti politique, il est très avantageux de détenir la majorité à la Chambre des représentants.

Le président de la Chambre est en effet toujours choisi parmi les représentants du parti majoritaire et il est élu par ses pairs. De plus, comme il détient la majorité, un parti peut contrôler l'ordre du jour législatif et nommer ses membres à la présidence des comités de la Chambre.

Il peut arriver que des comités mixtes (Chambre et Sénat) soient constitués dans des cas particuliers. Ils peuvent être créés, soit pour débattre de projets de loi, soit pour régler certains litiges survenus entre les deux assemblées, soit encore pour mener une enquête spéciale. À moins de circonstances particulières, un membre de la Chambre ne peut siéger à plus de deux comités à la fois.

À l'heure actuelle, depuis l'élection de mi-mandat de 2006, les démocrates, avec 234 membres, sont majoritaires à la Chambre.

Le Sénat

Les fonctions principales du Sénat sont de veiller à la bonne conduite de la politique étrangère du pays et d'approuver les nominations du président à son cabinet ainsi qu'à la branche judiciaire (*advise & consent*). Le Comité sénatorial, chargé des relations internationales, est le plus important et le plus puissant de tous les comités du Sénat. Pour qu'un traité international, même signé par le président, devienne valide, il doit être approuvé par deux tiers des membres du Sénat.

Le Sénat comprend 100 membres. Tous les États, quels que soient leur poids économique, leur superficie ou leur population, sont représentés chacun par deux sénateurs (d'où le total de 100 sénateurs pour les 50 États). Un sénateur est élu pour six ans et, comme pour les membres de la Chambre des représentants, un mandat de sénateur est renouvelable indéfiniment. Au Canada, lors du débat constitutionnel qui eut lieu au début des années 1990, certains ne se sont pas gênés pour qualifier le Sénat américain de sénat « triple E », c'est-à-dire élu, égal et efficace. Depuis 1913, et ce, contrairement au Canada, le Sénat est élu.

Tous les deux ans, on organise des élections pour renouveler le tiers du Sénat. Par exemple, Hillary Clinton, élue sénatrice de l'État de New York en l'an 2000, a complété son premier mandat en 2006. Pour être éligible au Sénat, il faut être citoyen américain et être âgé de 30 ans.

Un mandat de six ans permet aux sénateurs d'avoir une vue à long terme des grands enjeux du pays. Grâce à l'autorité que leur confère leur fonction, ils ont accès à plus de tribunes que leurs collègues de la Chambre et ils sont généralement très influents sur le plan national. Les sénateurs Edward M. Kennedy

(Démocrate, Massachusetts), John McCain (Républicain, Arizona) et Joe Biden (Démocrate, Delaware) illustrent bien le pouvoir que peuvent détenir et l'influence que peuvent exercer certains membres de cette institution.

Le Sénat comporte deux postes clés : celui de leader du parti majoritaire (actuellement détenu par Harry Reid, démocrate du Nevada) et celui de leader du parti minoritaire (actuellement détenu par Mitch McConnell, républicain du Kentucky). Très souvent, le leader du parti minoritaire devient le porte-parole de la position de son parti sur le plan national, sauf, évidemment, pendant l'année qui précède les élections présidentielles.

La Cour suprême

La Cour suprême des États-Unis est composée de neuf juges. Ils sont inamovibles et donc, en fait, nommés à vie. Généralement, le juge qui a le plus d'ancienneté siège comme juge en chef de la Cour suprême (le *Chief justice*). La nomination de John Roberts à titre de juge en chef par le président Bush sans que ce dernier soit membre de la Cour suprême fut une exception. Proposées par le président, les nominations à la Cour suprême doivent être entérinées par le Comité judiciaire du Sénat et approuvées par le Sénat.

Le rôle principal de la Cour suprême est d'interpréter la Constitution des États-Unis. Depuis une quarantaine d'années, la Cour suprême est devenue le théâtre d'une lutte politique acharnée entre la gauche (pensée libérale) et la droite (pensée conservatrice). Les débats hargneux entre démocrates et républicains au Sénat, relativement aux nominations, comme juges, de Robert Bork en 1987 et de Clarence Thomas en 1988 (deux conservateurs), témoignent de la lutte intense que se livrent les deux partis pour le contrôle idéologique de la Cour suprême et le leadership idéologique du pays.

Lors de son 2e mandat, George W. Bush a nommé deux nouveaux juges à la Cour suprême, soit John Roberts et Samuel Alito. Ces deux jugent sont proches de la pensée conservatrice largement dominante au sein du Parti républicain.

On reconnaît généralement que, durant les années 1960, sous la direction du juge en chef Earl Warren, la Cour suprême était idéologiquement de tendance libérale. Ce fut ainsi une Cour suprême à dominante libérale qui a statué sur l'intégration scolaire des Afro-Américains (*Brown v. Board of Education*, en 1954) et sur la reconnaissance du droit des femmes à l'avortement (*Roe v. Wade*, en 1972). Actuellement présidée par John Roberts, les membres qui la composent sont en majorité d'allégeance conservatrice.

Il est indéniable, étant donné qu'il a le pouvoir de nommer les juges, que le président est en mesure d'influencer l'orientation idéologique de la Cour suprême. Voilà bien un élément qui jouera un rôle au cours de la campagne présidentielle de 2008, car il est fort possible que deux des membres actuels de la Cour suprême renoncent à leurs fonctions au cours du prochain mandat présidentiel.

L'élection présidentielle en l'an 2000 a mis en évidence le rôle politique et constitutionnel que peut jouer la Cour suprême des États-Unis. Elle a en effet, par une décision majoritaire (cinq contre quatre), stoppé le dépouillement judiciaire manuel des votes en Floride. Cette décision revenait à donner la victoire à George W. Bush.

D'autres cours fédérales composent le système judiciaire fédéral. Les cours de districts fédéraux (au nombre de 90) sont réparties à travers les 50 États et elles constituent les cours de première instance dans les causes relatives aux lois fédérales. Douze cours d'appel examinent les décisions des cours de districts fédéraux lorsque celles-ci sont portées en appel. Les 800 juges qui siègent dans les cours de districts fédéraux et les 72 juges des cours d'appel sont choisis par le président avec l'approbation du Sénat. Finalement, chaque État a son propre système judiciaire où sont entendues et jugées 90 % des causes portées devant les tribunaux.

Le processus de gouvernance

Les priorités législatives du pays sont déterminées par la Maison-Blanche. Le président, avec l'aide de ses plus proches conseillers en matière politique, élabore et propose le menu législatif qu'il juge utile à la nation. Même si un représentant ou un sénateur a toujours la liberté de proposer des mesures législatives, la priorité est donnée au programme du président. C'est lors de son discours à la nation (*State of the Union Address*), qu'il délivre chaque année devant le Congrès, que le président dévoile son programme politique.

Le discours à la nation est en effet le moment où le président rend publics sa vision du pays et le programme législatif qu'il entend mettre de l'avant pour réaliser cette vision.

Comme il a déjà été précisé, les membres de la Chambre des représentants et les sénateurs ne sont pas tenus à une discipline de parti, contrairement à ce qu'il en est dans la tradition parlementaire britannique. Le parlementarisme à l'américaine permet donc, en principe, de favoriser les consensus entre individus. Ainsi, il n'est pas rare de voir des démocrates provenant d'États du Sud, à tendance plutôt conservatrice, voter en faveur de mesures républicaines, ou de voir des républicains du Nord, plus modérés, appuyer, dans certains cas, les démocrates.

Cela n'arrive évidemment pas à chaque vote, mais cette possibilité illustre bien une certaine tradition consensuelle et bipartisane qui est le propre du système politique des États-Unis. Par exemple, lors du scandale du Watergate, les démocrates et les républicains, devant les preuves irréfutables des malversations du président Nixon, ont fait front commun contre lui. De même, après les événements du 11 septembre 2001, il y eut de nombreux consensus entre les deux partis. En outre, la résolution autorisant le renversement du régime de Saddam Hussein a bénéficié d'un appui important tant de la part des démocrates que de la part des républicains.

Les partis politiques

Les Pères fondateurs de la nouvelle république des États-Unis d'Amérique se sont toujours montrés méfiants à l'égard des partis politiques. Ils nourrissaient l'espoir que la gouvernance de l'Union serait consensuelle et qu'elle reposerait sur des débats d'idées. C'est dans cet état d'esprit qu'il faut comprendre que la Constitution ne tient pas compte de l'organisation de partis politiques. Ce n'est qu'avec la deuxième présidence, celle de John Adams, que les partis politiques virent le jour en raison des divergences de vues qui existaient au sein de cette nouvelle société émergente. Cette transformation a abouti, à l'époque, à la formation de deux grands partis politiques. Jefferson, le défenseur opiniâtre des compétences des États et représentant des petits entrepreneurs et des fermiers, fonda le Parti démocrate-républicain, l'ancêtre du Parti démocrate d'aujourd'hui. De son côté, Alexander Hamilton, son adversaire, partisan d'un gouvernement national fort, fonda le Parti fédéraliste.

Par la suite, sous la présidence d'Andrew Jackson (1829-1837), le Parti démocrate-républicain devint le Parti démocrate et les dissidents de l'ancien parti fondèrent le Parti Whig, qui prit la place des fédéralistes en tant que principal parti d'opposition jusqu'au milieu du XIXe siècle. En 1854, le Parti Whig et les démocrates déçus par le parti s'associèrent pour former le Parti républicain. En 1861, c'est sous la bannière du Parti républicain, nouvellement créé, qu'Abraham Lincoln réussit à se faire élire à la Maison-Blanche.

Malgré l'absence de toute référence aux partis politiques dans la Constitution, il est quand même inusité de noter que le bipartisme est une des caractéristiques fondamentales de l'expression de la démocratie américaine. Plusieurs autres tiers partis existent, mais aucun n'a réussi à s'imposer tant au palier fédéral qu'à celui des États. Il s'agit là d'une différence très nette par rapport au régime politique canadien, qui lui est multipartite et à l'intérieur duquel il existe des partis provinciaux qui, même s'ils portent parfois le même nom, ne sont aucunement liés aux partis nationaux.

Depuis 1854, seuls des présidents d'allégeance démocrate ou républicaine ont occupé la Maison-Blanche. De nos jours, malgré l'existence d'un certain nombre de candidats indépendants ayant voix au chapitre, la tradition bipartite constitue toujours une caractéristique immuable de la politique américaine. Néanmoins, des tiers partis ont émergé et ceux-ci présentent de temps à autre des candidats à la Maison-Blanche qui, à défaut d'arriver à la présidence, ont réussi, à quelques occasions, à influencer l'issue du scrutin. Ces partis s'intéressent à des enjeux précis ou à des causes qui, selon eux, ne reçoivent pas de réponse satisfaisante par les deux principaux partis. Les principaux partis sont des partis de coalition ayant une large base, qui recherchent le consensus et sont contraints par la logique même de la politique de masse de sacrifier certains intérêts. Les tiers partis ont rarement cet objectif de masse, leurs représentants défendent des enjeux bien définis et axés sur l'atteinte de résultats à court terme.

Il est intéressant de rappeler que certains des candidats à la présidence de tiers partis ont eu une influence directe sur l'issue de certaines élections. En 1912, Theodore Roosevelt, qui avait occupé la Maison-Blanche pour deux mandats au début du

XXe siècle (1901-1909), tenta sans succès de reprendre la tête du Parti républicain. Déçu par son échec, Roosevelt se présenta comme candidat sous la bannière du *Bull Moose Party*. Le partage des voix entre le Parti républicain et Theodore Roosevelt permit l'élection du démocrate Woodrow Wilson à la présidence.

Plus près de nous, en 1968, George C. Wallace, le gouverneur ségrégationniste de l'Alabama, claqua la porte du Parti démocrate et fonda l'*American Independent Party*. En obtenant un fort respectable 13,5 % des suffrages, Wallace a certainement influé sur le scrutin puisque le républicain Richard M. Nixon a triomphé du démocrate Hubert Humphrey, en recueillant seulement 1 % de voix de plus que son adversaire.

En 1992, le milliardaire texan Ross Perot se présenta sous la bannière du *Reform Party* et obtint un appui fort appréciable de 19 % des suffrages, ce qui, de l'avis de la plupart des observateurs, permit au démocrate Bill Clinton de l'emporter sur le président sortant, le républicain George H. W. Bush.

Enfin, impossible d'oublier Ralph Nader qui, sous la bannière du Parti vert, a récolté 2,7 % des voix lors de l'élection de l'an 2000 qui conduisit George W. Bush à accéder à la présidence. Encore aujourd'hui, certains démocrates sont persuadés que ces tout petits 2,7 % ont empêché Al Gore, leur candidat, d'accéder à la Maison-Blanche.

Bref, il est clair que les candidats des tiers partis ont joué un rôle marginal dans la course à la présidence. Aucun n'a jamais été un prétendant sérieux. Rien n'empêche historiquement de remarquer que certains d'entre eux ont influé directement sur les résultats de l'élection. Au chapitre 5, nous analyserons succinctement les perspectives électorales des candidats des tiers partis à l'élection présidentielle de 2008.

Depuis 1861, ce sont 23 présidents républicains qui ont occupé la Maison-Blanche, contre 15 démocrates. Les républicains ont connu deux grands règnes : soit sur une période de 50 ans, de 1861 à 1912, où les démocrates ont été au pouvoir pendant seulement 8 ans, et ensuite de 1981 à 2008, où les démocrates ont occupé la Maison-Blanche pour une période de 8 ans, sous la présidence de Bill Clinton. Quant aux démocrates, ils ont dominé de 1933 à 1968, période pendant laquelle les républicains ont exercé le pouvoir pendant seulement 8 ans (de 1953 à 1961), sous la présidence de Dwight D. Eisenhower.

Un examen plus approfondi des deux partis permet de mieux comprendre comment les États-Unis sont dirigés et de quelle manière l'exercice du pouvoir a évolué. On peut affirmer sans risque de se tromper que les deux partis ont connu des périodes au cours desquelles ils ont réalisé de remarquables politiques. Les républicains ont aboli l'esclavage; les démocrates, de leur côté, ont fait progresser les droits de la personne, mis fin à la ségrégation et passé des lois sur le droit de vote. À la fin du XXe siècle, sous la présidence de Theodore Roosevelt, les républicains se sont attaqués au monopole des grandes entreprises, tandis que les démocrates ont passé un grand nombre de lois à caractère social à l'époque du *New Deal* de Franklin D. Roosevelt pour compenser les effets dévastateurs de la Crise de 1929. Les deux partis se sont attribué le mérite de la fin de la Guerre froide et de la chute du Mur de Berlin.

De nos jours, il est plus facile de différencier les deux principaux partis, simplement parce que la politique aux États-Unis est devenue plus idéologique et que les débats sur « les valeurs américaines » se sont polarisés. La division se veut claire et s'exprime très simplement. D'un côté, les républicains sont présentés comme des « conservateurs », de l'autre, les démocrates, eux, sont libéraux ou progressistes. Les nuances ont moins en moins droit de cité! Malgré cela, durant la majeure partie du XXe siècle, les modérés des deux partis ont su proposer des solutions bipartisanes pour régler les problèmes. Souvent, cet esprit bipartisan a permis à la politique américaine d'exprimer la continuité et l'équilibre politique.

L'histoire américaine est remplie d'exemples de la sorte. Les stratégies relatives à la Guerre froide élaborées sous la présidence de Harry S. Truman (1945-1952) ont, pour l'essentiel, été suivies par tous les présidents des deux partis jusqu'à la fin de la guerre froide, en 1989. Sous la présidence de Franklin D. Roosevelt, les républicains se sont opposés aux politiques du *New Deal*, mais ils ne les ont jamais démantelées lorsqu'ils ont pris le pouvoir.

Malheureusement, il nous faut remarquer que de nos jours le débat politique n'a jamais autant divisé l'opinion publique et les divergences de vues n'ont jamais été aussi tranchées. Comme jamais auparavant, la ligne de parti est suivie à la lettre. Rares sont les moments où les partis trouvent des terrains d'entente.

Les républicains

Les républicains, notamment depuis la présidence de William Taft (1909-1913), ont été dominés par diverses manifestations de l'idéologie conservatrice. Traditionnellement, les idées phares de cette idéologie sont la réduction de la taille du gouvernement, la baisse des impôts, la responsabilité fiscale et le libre-échange. Depuis la deuxième moitié des années 1960 et la stratégie, communément appelée la *Southern Strategy* – la Stratégie du Sud –, qui a exploité le mécontentement des États du Sud à l'égard des démocrates et de leurs lois en faveur des droits de la personne, la préservation des compétences des États est venue s'ajouter.

Les temps ont bien changé depuis l'époque d'Abraham Lincoln et de Theodore Roosevelt, quand le Parti républicain était considéré comme le parti d'un gouvernement national fort.

Depuis les années 1980, deux autres idées de la pensée conservatrice se sont faites plus présentes dans le débat politique américain. La première est la notion du conservatisme social, mise de l'avant par le mouvement évangélique, les néoconservateurs et divers *think tanks* de droite. Le mouvement évangéliste milite pour que les nominations à la Cour suprême et aux divers échelons de l'appareil judiciaire soient décidées conformément à une interprétation restrictive du pouvoir judiciaire et aux valeurs chrétiennes. Les partisans du conservatisme social s'opposent à l'avortement et à la recherche sur les cellules souches. Ils souhaitent également casser l'arrêt historique *Roe v. Wade* de 1973 sur l'avortement, ils s'opposent au mariage de conjoints de même sexe et ils sont favorables à la représentation de signes religieux dans les institutions publiques. Des évangélistes, comme Pat Robertson, James Dobson et feu Jerry Falwell, ont joué et jouent toujours un rôle de premier plan au sein du mouvement qui prône le conservatisme social et ils sont influents à l'intérieur du Parti républicain.

Les néoconservateurs sont convaincus de l'importance de répandre ces « valeurs américaines » et la démocratie dans le monde. Ils ont abandonné la tradition isolationniste qui a caractérisé la pensée républicaine à ses débuts. Aujourd'hui, les néoconservateurs prônent le renforcement de la puissance militaire des États-Unis partout sur la planète et se montrent disposés à entreprendre une guerre préventive (*pre-emptive strike*) si cela est dans l'intérêt du pays. Ils font souvent preuve de scepticisme et de dédain à l'égard des organisations internationales. Les néoconservateurs n'hésitent pas à adopter des mesures ou à faire des gestes de manière unilatérale, sans tenir compte des institutions internationales ou des traités multilatéraux, si cela peut assurer la défense des intérêts américains. Le vice-président Dick Cheney est considéré comme le principal représentant de ce courant au sein du Parti républicain.

Les démocrates

Le Parti démocrate, lui qui, de façon remarquable, est historiquement le plus vieux parti politique du monde occidental, est perçu aujourd'hui comme le dépositaire de la pensée libérale et progressiste. Le Parti démocrate a considérablement changé depuis le temps où il militait pour la préservation des compétences des États et s'opposait aux républicains sur la question de l'abolition de l'esclavage.

C'est sous la présidence de Woodrow Wilson (1913-1921) que s'est enclenché la modernisation du Parti démocrate. L'urbanisation et l'arrivée de vagues massives d'immigrants ont contribué à la transformation du parti. Tandis que, au cours de la première moitié du XXe siècle, les républicains étaient favorables à l'adoption d'une politique étrangère plus isolationniste, les démocrates étaient des internationalistes sous la présidence de Wilson. Tant les présidences de Franklin D. Roosevelt que de Harry S. Truman ont contribué de façon notable à faire des États-Unis l'un des principaux acteurs de la politique mondiale, en raison du soutien actif qu'ils ont apporté à la création d'organisations internationales comme les Nations Unies et l'OTAN, et leur ardeur à défendre les intérêts de leur pays en diverses parties du globe.

Avec le *New Deal,* sous la présidence de Franklin D. Roosevelt, les démocrates ont également apporté des changements majeurs de politique intérieure en misant sur des mesures législatives à caractère social. L'activisme gouvernemental, le soutien aux syndicats, le déploiement du filet de sécurité sociale et l'introduction des programmes d'assurance maladie – *Medicare et Medicaid* – sont des illustrations de l'intervention gouvernementale prônée par le Parti démocrate.

Malgré cet évident penchant pour l'activisme gouvernemental, les démocrates ont, par le passé, également dû mener un certain nombre de batailles idéologiques. La faction plus conservatrice et réactionnaire au sein du Parti démocrate a perdu deux épreuves de force contre les forces progressistes majoritaires du parti et a dû battre en retraite. En 1948, Strom Thurmond, le sénateur de la Caroline du Sud, se vit opposer une fin de non-recevoir au sujet d'une plateforme favorable à la ségrégation. Il quitta le parti et se présenta à la présidence sous la bannière d'un tiers parti.

Depuis la décennie 1970, trois courants idéologiques coexistent au sein du Parti démocrate : un mouvement libéral, une mouvance centriste et une faction dite *Blue Dog* (des démocrates plus conservateurs, tout en demeurant à gauche des républicains). Le sénateur Edward M. Kennedy est sans nul doute la figure emblématique de la mouvance libérale au sein du Parti démocrate. L'ancien président Bill Clinton est quant à lui associé à la mouvance centriste, et les élus démocrates des États du Sud se rassemblent habituellement dans le camp *Blue Dog*. Les deux victoires successives du tandem Clinton-Gore (en 1992 et 1996) ont toutefois convaincu nombre de démocrates que la « mouvance centriste » est celle qui garantit les meilleurs résultats électoraux.

Les démocrates de la mouvance libérale sont favorables à une politique qui privilégie le soutien de l'État dans la solution de problèmes sociaux. Souvent décrits par les républicains comme des « libéraux qui augmentent les impôts et qui dépensent inutilement l'argent des contribuables », ces démocrates exercent une grande influence, particulièrement auprès des classes populaires. Leur influence s'est d'ailleurs grandement accentuée récemment avec des prises de position antimilitariste et antiguerre en Irak.

Les démocrates de la mouvance centriste, qui ont fondé le *Democratic Leadership Council* après la défaite en 1988 de leur candidat, Michael Dukakis, sont favorables à l'équilibre budgétaire, au libre-échange et, somme toute, se rapprochent assez facilement des républicains modérés sur les questions d'ordre public. Pourtant, ils soutiennent les positions traditionnelles du parti sur l'élargissement du système de soins de santé, le financement de l'école publique et la mise en œuvre de programmes d'affirmation positive.

Ceux qui se retrouvent au sein de la faction *Blue Dog* se distinguent essentiellement par leurs positions très fermes sur la politique étrangère, proches de celles des républicains, et quant aux grands programmes gouvernementaux, ils sont plus prudents.

L'AIDE-MÉMOIRE

Ce deuxième chapitre a été consacré au système politique américain, à l'étude des grands principes du gouvernement et à la présentation des institutions gouvernementales. Ce tour d'horizon a été complété par un regard sur les partis politiques dans le contexte de l'échiquier politique américain. Voici, en résumé, les éléments principaux.

• Les États-Unis d'Amérique sont gouvernés dans le cadre de constitutions écrites, tant sur le plan national (fédéral) que sur celui de chacun des États.

• Les élections sont organisées sur la base du suffrage universel (conditions pour voter : être citoyen américain, avoir 18 ans ou plus, être inscrit sur la liste électorale).

• Les trois grands principes directeurs de la gouvernance américaine sont la séparation des pouvoirs, l'équilibre des pouvoirs et la séparation entre l'Église et l'État.

• Les États-Unis d'Amérique sont un État fédéral.

• La Constitution américaine définit trois branches du gouvernement : le pouvoir exécutif, le pouvoir législatif et le pouvoir judiciaire.

• Le président représente la branche exécutive. Le Congrès représente la branche législative et il est composé de deux chambres : la Chambre des représentants (élus tous les deux ans) et le Sénat (sénateurs élus pour six ans, mais à raison d'un tiers d'entre eux tous les deux ans). La Cour suprême représente la branche judiciaire et elle a le « dernier mot » dans l'interprétation de la Constitution.

• Une élection présidentielle a lieu tous les quatre ans, le premier mardi suivant le premier lundi de novembre. Un président ne peut être élu plus de deux fois.

• Le Collège électoral choisit le président, indépendamment du résultat du vote populaire sur le plan national.

• Le rôle du président a pris de l'importance au fil des ans. Il est le chef de l'Exécutif, le chef de l'État et le commandant en chef des forces armées.

• Depuis quelques années, la vice-présidence prend également plus d'importance.

• Il existe deux principaux partis politiques : le Parti démocrate et le Parti républicain. Les tiers partis sont marginaux.

• On a identifié trois courants d'influences chez les républicains : le conservatisme social, le conservatisme traditionnel et le néoconservatisme.

• Chez les démocrates, il y a trois courants d'influences : les libéraux, les centristes et les *Blue Dog* (plus conservateurs).

• Même s'il entraîne une polarisation idéologique, le bipartisme demeure une des principales caractéristiques de la vie politique américaine.

CHAPITRE 3

CHOISIR LE PRÉSIDENT

De tous les aspects du système politique américain, aucun ne capte autant l'attention que le choix du président. La course à la présidence peut s'étendre sur une période de plus de deux ans. En fait, un cycle électoral est à peine terminé que l'on met déjà en branle le processus de la prochaine élection présidentielle. Le parti perdant enclenche presque immédiatement les procédures qui mèneront au choix de son candidat pour le prochain suffrage. Comme un président ne peut exercer plus de deux mandats, le parti gagnant fait de même lorsqu'il s'agit de la réélection du président sortant.

Au lendemain d'une défaite, la pratique habituelle consiste, pour les dirigeants du parti perdant, à désigner un président (*chairman* est le titre officiel en anglais) ou un p.-d. g.; celui-ci reçoit alors un mandat très large qui consiste, notamment, à :
- préparer le parti aux élections de mi-mandat au Congrès (deux ans après l'élection présidentielle) et entreprendre la recherche de candidats;

- travailler au niveau local pour faire élire des gouverneurs et d'autres officiers locaux;
- mettre en place les procédures menant au choix du candidat du parti pour l'élection présidentielle suivante.

Un président sortant à la fin de son premier mandat est tenu, lui aussi, de défendre sa nomination en vue de l'investiture de son parti. L'opposition est habituellement marginale. Il y a cependant eu, dans le courant des 40 dernières années, des exceptions à cette règle : ainsi, Robert Kennedy s'est présenté contre le président Lyndon B. Johnson (1968); Ronald Reagan, contre le président Gerald Ford (1976); Edward Kennedy, contre le président Jimmy Carter (1980) et Pat Buchanan, contre le président George Bush père (1992). Ces contestations internes ont eu un effet dévastateur : soit elles ont provoqué le retrait du président sortant, soit elles ont miné la crédibilité du président à un point tel qu'il fut défait à la présidentielle.

LA COURSE À L'INVESTITURE

La phase exploratoire

Il n'y a pas de date officielle fixée pour le départ de la course. Tout dépend de la stratégie de chacun des candidats. Comme il a déjà été mentionné, c'est généralement après les élections de mi-mandat que les candidats intéressés se manifestent (environ 24 mois avant la présidentielle). Un « comité exploratoire » est mis sur pied pour évaluer l'intérêt de leur candidature. Quant aux candidats, ils cherchent activement des sources de financement, rencontrent des militants, tâtent le pouls des dirigeants du parti et laissent paraître leurs intentions dans les médias.

Les dirigeants du Parti démocrate, sous le leadership de leur président Terry McAuliffe, ont innové en 2002 et décidé de tenir des débats publics afin de permettre aux candidats potentiels de se faire connaître et de se faire valoir. Howard Dean, l'ancien gouverneur du Vermont et successeur de Terry McAuliffe à la présidence du Parti démocrate, a poursuivi dans la voie tracée en 2002. C'est ainsi que la course à l'investiture chez les démocrates pour cette élection s'est enclenchée dès le début de 2006. C'est John Edwards, l'ancien colistier de John Kerry en 2004 qui a lancé le bal. Barack Obama et Hillary Clinton ont suivi au début de 2007. Au bout du compte, huit candidats se sont présentés et une dizaine de débats ont eu lieu avant que ne débute la saison des primaires en janvier 2008.

La déclaration officielle

La déclaration officielle de candidature n'est pas une recette universelle. Tout est question de stratégie, d'aptitudes politiques et bien sûr de *timing*.

En politique, le vieil adage tient toujours : *timing is everything*. Certains candidats y vont par étapes, comme une effeuilleuse, petit à petit, à coup de déclarations clairsemées et délicatement soumises à l'œil des médias. Dans ce cas, on exprime qu'on réfléchit, qu'on explore ses appuis, que plusieurs partisans nous interpellent, qu'on doit en discuter avec sa famille, un comité exploratoire est créé et on laisse tomber subtilement son intention de se porter candidat en entrevue lors d'un *talk-show* télévisé de fin de soirée. D'autres sont plus discrets dans leur préparation et très visibles et directs lors du lancement de leur campagne. Barack Obama, Hillary Clinton et John Edwards sont de cette mouture.

Barack Obama a lancé officiellement sa campagne devant une foule considérable à Springfield, Illinois, le 11 février 2007. Hillary Clinton, quant à elle, devant ses partisans, a innové en diffusant son discours en direct sur Internet. John Edwards a plutôt opté pour un discours prononcé en Nouvelle-Orléans 18 mois après le passage de l'ouragan Katrina.

Les primaires et les caucus

Choisir le candidat qui saura bien les représenter est de loin la tâche la plus importante confiée aux militants d'un parti politique. Rien ne précise, dans la Constitution, comment les partis politiques doivent choisir leur candidat. Au fil des années, plusieurs méthodes ont été utilisées.

Il existe deux mécanismes au sein des partis pour définir le choix des délégués : les caucus et les primaires. À l'heure actuelle, les deux principaux partis utilisent l'un et l'autre de ces deux processus lors de la course à l'investiture.

Les primaires et les caucus sont organisés sur une période d'environ six mois, c'est-à-dire à partir de janvier jusqu'au mois de juin de l'année où a lieu une élection présidentielle.

Le système du caucus, dont les origines remontent au XVIIIe siècle, consiste à rassembler des militants dans une salle. Le vote en faveur des délégués des candidats se tient alors en public et se fait souvent à main levée. Dans ces circonstances, on craint cependant que les personnes les plus influentes n'exercent des pressions indues sur les gens indécis. Cette façon de faire est d'ailleurs de moins en moins utilisée. Elle a même fait l'objet de critiques de la part de ceux qui considèrent qu'elle permet une trop grande influence des leaders locaux et des groupes d'intérêts. Le plus célèbre des caucus est celui qui se tient en Iowa et qui, tous les quatre ans, marque le début du processus de nomination. Habituellement, les candidats qui se classent parmi les trois premiers en Iowa sont dès lors considérés comme les véritables prétendants à l'investiture de leur parti.

Le principe des élections primaires est plus récent et elles sont organisées à l'échelon de chaque État. La première primaire de l'histoire des États-Unis eut lieu en Floride en 1904. Ce n'est cependant qu'au tournant des années 1970 que le système des primaires est devenu la voie privilégiée, pour les deux principaux partis, de choisir leur candidat. L'exercice est considéré comme étant plus démocratique, car les électeurs se prononcent par bulletins secrets, comme lors d'une élection générale. Maintenant, plus de 80 % des délégués qui participent à des conventions de l'un ou l'autre des deux principaux partis politiques ont été choisis lors d'une élection primaire.

Il existe deux formes de primaires : la première, qualifiée de « fermée » (*closed primary*), est la plus courante et seuls les membres officiels du parti peuvent participer au vote; quant à la deuxième, considérée comme « ouverte » (*open primary*), elle accorde à quiconque a adhéré au parti le jour même, ainsi qu'à ceux qui souhaitent demeurer indépendants, le droit de voter pour un candidat de l'une ou l'autre des formations politiques. La première élection primaire se tient toujours au New Hampshire et c'est une primaire ouverte. Il faut signaler que le choix du New Hampshire comme première primaire est devenu une tradition et pourrait être modifié à l'avenir. Depuis la fin des années 1980, plusieurs États se regroupent pour organiser des élections primaires simultanément. C'est ce que les Américains appellent le *Super Tuesday*, le « Super mardi ». Le but de cet exercice démocratique à l'intérieur des partis consiste, pour chaque candidat, à faire élire des délégués qui lui seront favorables lors de la convention de nomination. Dès le départ, chacun des candidats cherche, en gagnant les premières primaires et le premier caucus, à créer un *momentum*, c'est-à-dire un effet d'entraînement en sa faveur. Cette année, le caucus de l'Iowa et la primaire du New Hampshire ont eu lieu dans un intervalle de cinq jours en janvier 2008.

Chacun des deux principaux partis réalise maintenant à quel point, stratégiquement, il est important d'identifier leur porte-étendard respectif le plus rapidement possible. Voilà pourquoi de nombreuses primaires se tiennent de plus en plus tôt et sont concentrées en une même soirée. En 2008, au 5 février plus de la moitié des États avaient tenu leurs primaires.

À chaque cycle présidentiel, chaque saison des primaires et des caucus revêt un caractère particulier. Elle diffère énormément d'un État à l'autre et aussi entre les partis. En 2008, les démocrates ont introduit, tant pour les caucus que les primaires, une formule proportionnelle de répartition des délégués par État selon le pourcentage de vote obtenu dans cet État. Les républicains ont, quant à eux, maintenu une formule mixte. Dans certains États, la répartition est selon un calcul proportionnel, dans d'autres, le principe du *winner takes all* (le candidat qui obtient le plus de votes remporte l'ensemble des délégués de l'État) est maintenu.

Le financement

L'argent, l'argent, toujours l'argent! L'argent, le nerf de la guerre, est un facteur incontournable et dominant dans une campagne électorale. Il l'est encore davantage lorsqu'il s'agit de la course à la présidence des États-Unis. On sait que plus d'un milliard de $US furent dépensés par les deux principaux partis pour la campagne de 2008. Il faut savoir également que les candidats aux postes de représentants ou de sénateurs au Congrès doivent, eux aussi, faire beaucoup d'efforts pour financer leur propre élection ou réélection.

Il y a longtemps qu'on se préoccupe de l'influence négative de l'argent dans les élections américaines. En 1905 déjà, le président Theodore Roosevelt (1901-1909) proposait des mesures pour réglementer le financement des dépenses électorales et, de 1905 à 1966, le Congrès a légiféré à plusieurs reprises dans ce domaine. Les principes directeurs qui visent à encadrer et à contrôler le financement des campagnes électorales sont bien connus : il s'agit de limiter les contributions, de réglementer les dépenses durant les campagnes et d'obliger les partis politiques à dévoiler publiquement le nom de leurs donateurs.

Les abus constatés lors de l'élection présidentielle de 1972 et le scandale du Watergate ont conduit le Congrès à légiférer à nouveau. C'est en 1974 que fut créée la *Federal Election Commission* (FEC). Cet organisme est responsable de l'application des lois électorales et administre les fonds publics destinés aux campagnes fédérales.

Même si les dons pour les activités électorales étaient déjà réglementés, les partis pouvaient cependant accepter, jusqu'en 2002, des dons substantiels pour l'éducation politique de leurs militants, pour l'organisation d'activités de formation et pour la promotion de leur programme politique auprès de leurs membres. Dans le langage politique américain, ces sommes sont qualifiées de *soft money*. Elles ne sont ni réglementées ni comptabilisées selon les lois sur le financement des partis politiques. De plus en plus contestée, l'utilisation du *soft money* a provoqué des débats houleux lors des primaires de l'an 2000. L'opposition fut menée tant par le candidat à la présidence du côté démocrate, l'ancien sénateur Bill Bradley, que par un des candidats à l'investiture du

Parti républicain, le sénateur John McCain. Tous deux furent battus au sein de leur parti respectif, mais, malgré cela, le sénateur McCain a inlassablement poursuivi sa croisade, de sorte que, en 2002, une nouvelle loi fut finalement adoptée.

Proposée par les sénateurs John McCain (républicain) et Russ Feingold (démocrate), cette législation vise, en principe, à bannir le *soft money* et à limiter à 2 300 $US le plafond des dons individuels aux candidats. Malgré l'interdiction formelle du *soft money*, d'autres échappatoires permettent cependant de contourner la loi. En outre, il y a l'article 527 de la loi sur le revenu des États-Unis (*US Revenue Act*) qui permet des déductions fiscales pour tout don remis à des organisations non partisanes pour des campagnes de sensibilisation politique.

C'est d'ailleurs par le biais de « l'article 527 » qu'ont été financées les campagnes négatives des *Swift Boat Captains*' diffusées au cours de l'été 2004 par le milliardaire T. Boone Pickens qui mettaient en cause le passé militaire de John Kerry. Ces publicités ont terni grandement la réputation du candidat Kerry et plusieurs analystes ont vu dans cette manœuvre un des facteurs de sa défaite en 2004.

Les entreprises et les organisations syndicales ne sont donc plus autorisées à participer au financement des partis politiques en vue des élections fédérales.

Cette loi s'ajoute à une panoplie d'autres lois qui sont la responsabilité de la FEC. Voici quelques faits saillants relatifs au financement des campagnes politiques sur le plan fédéral.

Les campagnes présidentielles sont financées entièrement par des fonds publics (75 millions de $US à chacun des candidats des grands partis). Les règles autorisent un candidat à ne pas les utiliser. Barack Obama, cette année, a créé un précédent. Il est le premier candidat depuis l'introduction de la réforme à renoncer au financement public. Il est donc libre de dépenser au-delà du plafond de 75 millions de dollars.

Il existe une possibilité de cofinancement (public et privé) pour les primaires et les caucus, mais avec des limites. Les candidats peuvent cependant choisir de ne pas avoir recours à cette possibilité de cofinancement des primaires et d'utiliser exclusivement des fonds de sources privées, sans limites dans ce cas. C'est ce qu'ont fait John Kerry et George W. Bush en 2004 ainsi qu'Hillary Clinton et Barack Obama en 2008 et c'est ce qui explique, en partie, la flambée de leurs dépenses préélectorales.

Les deux principaux partis reçoivent aussi des fonds publics pour la tenue et l'organisation de leur convention. En 2008, les partis démocrate et républicain ont ainsi reçu 50 millions de $US chacun.

Un individu peut donner à un candidat à la présidence jusqu'à un maximum de 2 300 $US durant les primaires et les caucus.

En fait, ni les démocrates ni les républicains ne font de gros efforts pour limiter les dépenses, assurer la transparence, faire respecter les lois et permettre aux candidats, peu importe leurs moyens financiers, de participer à la course. Par conséquent, force est de constater aussi que le candidat qui parvient à s'assurer les meilleures sources de financement possède un avantage appréciable. Il reste donc beaucoup à faire sur la question du financement des partis. Par exemple, le fait d'interdire aux partis de recevoir du *soft money* a eu pour effet que cette source de financement s'est transférée vers les groupes d'intérêts non affiliés aux deux grands partis, mais sympathiques à la cause de l'un ou de l'autre. Tout comme en 2004, il faudra observer les publicités des groupes *527's* et leur impact sur la campagne.

Les conventions

Tous les quatre ans, dans les mois précédant l'élection présidentielle, les deux principaux partis organisent une convention pour choisir définitivement leurs candidats à la présidence et à la vice-présidence. Par la même occasion, les délégués adoptent aussi le programme, c'est-à-dire la plateforme électorale du parti qui contient les grandes lignes de leurs engagements électoraux. Des programmes plus précis, avec chiffres à l'appui, sont ensuite rendus publics, au fur et à mesure du déroulement de la campagne électorale.

Ces conventions ont lieu habituellement à la fin du mois de juillet ou dans la première moitié du mois d'août. Depuis 1956, le parti du président sortant organise toujours sa convention après l'autre parti, mais avant 1956, les démocrates organisaient leur convention après les républicains, peu importe que leur candidat fût déjà à la Maison-Blanche ou non. Cette année, tant les démocrates que les républicains ont placé leur convention à la fin du mois d'août et au début du mois de septembre, préférant attendre la fin des Jeux olympiques tenus à Beijing et réduisant les dépenses entre les conventions et l'élection.

Depuis plus de trente ans, il n'y a plus de surprises lors de ces conventions. La démocratisation des partis et le fait que le choix des délégués s'exprime lors des primaires et des caucus font en sorte que le candidat choisi pour l'investiture est déjà bien connu et que la convention ne fait que rendre officielle son élection.

La dernière convention réellement contestée eut lieu chez les républicains en 1952. À cette occasion, Dwight D. Eisenhower fut élu candidat à la présidence contre Robert Taft. En 1960, John F.

Kennedy, le seul candidat démocrate ayant participé à toutes les primaires de son parti, a obtenu l'investiture, mais, à cette époque, gagner les primaires n'était pas une garantie pour l'obtenir. Ainsi, certains candidats comme Lyndon B. Johnson en 1960 et Hubert H. Humphrey en 1968, tout en étant candidats lors de la convention, n'avaient pas participé aux primaires. Aujourd'hui, être candidat lors d'une convention sans avoir participé aux primaires est impensable. Pour quiconque veut obtenir l'investiture d'un parti, les primaires sont devenues incontournables.

Les conventions durent environ quatre jours selon un scénario réglé jusque dans les moindres détails. Rien n'est improvisé, tout est conçu pour provoquer le plus grand impact médiatique possible. Trois discours sont particulièrement attendus et écoutés : celui du *keynote address*, prononcé habituellement par une étoile montante ou une personnalité importante du parti, celui du candidat à la vice-présidence et, surtout, celui du candidat à la présidence.

Le discours du candidat à la présidence est la première occasion, pour lui, de s'adresser directement à la nation et aux militants, sans le filtre des commentateurs politiques ou des médias. S'il devait décevoir son auditoire ce jour-là, cela laisserait des traces et sèmerait le doute sur ses aptitudes à gouverner. Cette année, le discours d'acceptation de

Barack Obama a été livré en plein air, dans un stade de football, devant plus de 75 000 personnes et au-delà de 38 millions de personnes l'ont écouté à la télévision.

Comme le candidat à la présidence est connu lors des conventions, le seul suspense qui demeure est le choix de son colistier. Depuis Franklin D. Roosevelt en 1944, tous les présidents sortants qui se sont représentés pour un deuxième mandat ont gardé le même colistier, à une seule exception près : en 1976, le président Gérald Ford, le successeur de Nixon après la démission de celui-ci à cause du scandale du Watergate, a remplacé le vice-président, Nelson Rockefeller, par le sénateur Robert Dole. Dans les faits, même s'il était déjà président, Gerald Ford se présentait quand même à l'élection présidentielle pour la première fois.

Le choix d'un colistier est la seule décision vraiment « présidentielle » qu'un aspirant à la présidence puisse prendre avant son élection. C'est un choix important, même capital, et empreint de considérations stratégiques. Ainsi, le choix d'Al Gore, par Bill Clinton en 1992, cherchait à mettre l'accent sur leurs compétences communes, car tous les deux représentaient la même base militante et provenaient de la même région. Le choix de Dick Cheney par George W. Bush en l'an 2000 avait pour objectif de faire contrepoids au fait que Bush était perçu comme un politicien manquant d'expérience. Le choix de Lyndon B. Johnson, par John F. Kennedy en 1960, se basait surtout sur des considérations électorales : Johnson, homme fort du Texas, compensait le manque d'appuis pour Kennedy dans les États du Sud. On reviendra sur les choix d'Obama et de McCain dans la deuxième partie.

Comme on n'y prend finalement pas de vraie décision, l'utilité de ces conventions est de plus en plus souvent remise en question. Les considérant comme une grande infopublicité pour les deux principaux partis, les grands réseaux de télévision réduisent même la couverture de ces événements. Malgré les critiques et les réserves, il faut cependant reconnaître que les conventions servent à motiver les troupes, à lancer la campagne présidentielle et à permettre à chaque parti, par l'adoption de son programme, de se démarquer idéologiquement de l'autre.

Il ne faut pas oublier non plus qu'il s'agit du point culminant d'un processus enclenché deux ans plus tôt. Le choix du candidat est en effet le résultat de la participation de milliers de militants, de plusieurs mois de campagne, de débats et de scrutins formels observés à la loupe par les médias. Bref, il s'agit d'une instance qui fait partie intégrante du processus démocratique américain et qui n'a d'équivalent dans aucune autre démocratie.

LA CAMPAGNE PRÉSIDENTIELLE

Comme nous l'avons vu, le processus associé à une élection présidentielle commence jusqu'à 24 mois avant la tenue du vote et il requiert donc des ressources financières fort importantes. Même si l'élection présidentielle est la priorité des partis, il ne faut en effet pas oublier qu'il se tient simultanément des élections au Congrès, dans plusieurs États et dans de nombreuses localités.

Il y a des moments clés dans chaque campagne à la présidence. Lorsque la campagne s'intensifie, c'est-à-dire après les conventions, ce sont la couverture des médias, les points de presse, les réunions de partisans et la publicité des candidats qui dominent. De plus, depuis le fameux débat télévisé entre Kennedy et Nixon, l'affrontement direct, sans filtre médiatique, joue un rôle de premier plan. Même si l'impact d'un débat est peu concluant, il demeure qu'une contre-performance à cette occasion peut coûter cher aux candidats.

En fait, les débats télévisés sont un phénomène relativement récent, même aux États-Unis, le royaume de la télévision. L'impact du premier débat télévisé, en 1960, fut tellement fort qu'on n'en organisa pas d'autre avant 1976. Mais ces débats à la télé aux heures de grande écoute, en *primetime*, sont devenus incontournables à présent. Depuis 1984, il y a une série de trois débats entre les candidats à la présidence et un débat entre les candidats à la vice-présidence.

Sur le plan financier, les campagnes des candidats à la vice-présidence sont intégrées à celles des candidats à la présidence. Mais sur les autres plans, la formule est variée. Par exemple, en 1992, Bill Clinton et Al Gore ont lancé leur campagne en tandem pendant les deux premières semaines. Ils ont repris la même formule à l'automne 1996 et, en 2004, dès la fin de la convention, John Kerry et John Edwards ont eu recours à la même stratégie.

Même si la campagne du vice-président a gagné en importance au cours des dernières années, peu de candidats à la vice-présidence ont toutefois joué un rôle déterminant lors d'une campagne présidentielle, sauf peut-être Lyndon B. Johnson, colistier de John F. Kennedy en 1960. Plus encore, le choix d'un colistier relativement peu connu ou plus effacé (comme Spiro Agnew choisi par Nixon en 1968 et 1972 ou Dan Quayle choisi par Bush père en 1988 et 1992) n'a pas empêché la victoire du candidat à la présidence. Le principal avantage que peut retirer de la victoire un candidat à la vice-présidence, c'est d'être bien « positionné » s'il décide d'être lui-même candidat à une future élection présidentielle. Cette stratégie a bien servi Richard Nixon (en 1960), Hubert H. Humphrey (en 1968), Walter Mondale (en 1984), George Bush père (en 1988) et Al Gore (en 2000) qui se sont tous portés candidats à la présidence par la suite.

La multiplication des sondages est devenue une autre caractéristique des campagnes présidentielles. Ils sont de plus en plus fréquents et de plus en plus ciblés. Comme une avance dans les intentions de vote sur le plan national n'est pas une garantie de victoire au Collège électoral, on cherche à identifier avec le plus de finesse possible les *battleground states*, ces États clés où la lutte est la plus serrée, et ceux qui sont les *swing voters* (les électeurs flottants).

Le transfert du pouvoir

Aussitôt élu, le président procède au choix de son entourage immédiat et nomme les membres de son cabinet qui, contrairement à ce qui se passe au Canada et au Québec, sont tous des non-élus.

Dans le système américain, le transfert du pouvoir occupe une place aussi importante que le choix du nouveau gouvernement. Pour les Américains, il s'agit non seulement d'une célébration de leur démocratie, mais aussi de la manifestation officielle que tout se fait de façon pacifique et en conformité avec la Constitution. Au Canada, le transfert du pouvoir se fait peu de temps après l'élection, lors de la prestation de serment du premier ministre et de son nouveau cabinet. Aux États-Unis, c'est un processus plus long de sélection, de nominations et d'annonces dans les médias (dans le cas du cabinet du président et des directeurs de services à la Maison-Blanche) et plus formel. Cette période s'étend depuis la mi-novembre jusqu'à la période des fêtes. Ensuite, plusieurs dirigeants nommés (comme les membres du cabinet et les directeurs à la Maison-Blanche) doivent être entendus par les comités respectifs du Sénat et leur nomination doit être approuvée.

Bien que les nominations soient généralement, mais pas exclusivement, partisanes, les personnes choisies proviennent de différents milieux de la société américaine. Certaines viennent du monde des affaires, d'autres des milieux diplomatiques, d'autres encore des forces armées, du monde universitaire et, bien sûr, du milieu politique. Le président cherche à éviter de nommer des personnalités trop contro-versées à cause de l'obligation dans laquelle il se trouve de faire ratifier son choix par le Sénat.

Au cabinet, les postes clés sont ceux de secrétaire d'État (diplomatie et affaires étrangères), de secré-taire à la Défense (forces armées), de secrétaire au Trésor (finances), de procureur général (justice), de secrétaire au Commerce (économie) et de secrétaire au Bien-être et à la Santé. Depuis 2001, un nouveau poste important s'est ajouté : celui de secrétaire à la Sécurité nationale (*Homeland Security*).

La période de transition permet aussi au nouveau président de prendre contact avec les dirigeants du Congrès afin de leur communiquer le programme législatif et de jeter les bases d'une relation de confiance et de collaboration entre ces deux branches du gouvernement.

D'autres événements se produisent durant la période de transition. En décembre, le Collège électoral confirme l'élection présidentielle et, en janvier, le résultat est transmis au Congrès. Les nouveaux élus au Sénat prêtent serment en janvier devant le vice-président sortant et les nouveaux élus à la Chambre des représentants le font devant le président sortant de la Chambre. Finalement, le président qui se retire fait ses adieux à la population dans un discours de départ. Il peut aussi, comme l'y autorise la Constitution, accorder des pardons à des individus qui ont fait l'objet de sanctions légales, s'il juge qu'ils le méritent.

La transition se termine le 20 janvier lorsque le nouveau président prête serment et prononce son discours inaugural.

L'ENTRÉE EN FONCTION
ET L'EXERCICE DU POUVOIR

Le discours inaugural

L'intronisation du président (réélu ou nouveau) marque le début d'une nouvelle administration. Elle est faite en grande pompe et accompagnée de grandes cérémonies car, pour le peuple américain, il s'agit de la célébration de sa liberté et de sa démocratie.

Le président prête serment devant le juge en chef de la Cour suprême, en présence de nombreux dignitaires du pays (incluant le candidat défait) et de représentants de pays étrangers. Après le serment vient le discours inaugural. C'est une excellente occasion, pour le président, de faire clairement connaître les intentions de son gouvernement, non seulement sur le plan intérieur, mais aussi sur le plan international. Le discours inaugural de janvier 2009 aura une importance particulière. Ce sera le premier discours d'une nouvelle présidence.

Les relations avec le Congrès

Après l'entrée en fonction du président, rien n'est plus important pour lui que ses relations avec le Congrès. Le programme législatif, les nominations, les résolutions du Congrès, les contacts avec les divers comités, voilà en quoi consistent les relations entre les deux instances. Même si le président a une grande marge de manœuvre et beaucoup de pouvoir, un président qui négligerait ses rapports avec la branche législative du gouvernement risquerait de réduire considérablement sa propre efficacité. Pendant les premières années de leur présidence, John F. Kennedy (1961-1963) et Bill Clinton (1993-2001) ont vécu de grandes difficultés dans leurs relations avec un Congrès pourtant dominé par leur propre parti. Le fait que Bill Clinton n'ait pas pu faire adopter son programme de soins de santé est un exemple éloquent de ce qui peut arriver quand un président ne parvient pas à établir une relation privilégiée avec ses alliés potentiels au Congrès.

Les relations internationales

Généralement, lors d'une campagne présidentielle, les dossiers internationaux passent au second plan, derrière les questions économiques et les enjeux intérieurs. De manière quelque peu inusitée, cette campagne 2008 fait exception. Les affaires internationales et les dossiers de politiques intérieures ont tous deux été traités sur le même pied. C'est un fait plutôt étonnant, car c'est habituellement après l'entrée en fonction du nouveau président que les dossiers internationaux prennent le dessus et dominent l'emploi du temps du président. Cette année, la menace du terrorisme et l'intention exprimée d'entamer un retrait « ordonné » des troupes américaines du sol irakien ont cependant modifié la situation.

Autre fait surprenant : depuis 1980, les Américains ont élu à la présidence trois gouverneurs – en l'occurrence Ronald Reagan, Bill Clinton et George W. Bush – qui avaient peu d'expérience en matière de politique étrangère. Mais la réalité géopolitique internationale s'impose rapidement à tout nouvel occupant de la Maison-Blanche et l'oblige très vite à faire des gestes ou à prendre des décisions d'une importance considérable sur le plan international. Il est donc essentiel que le nouveau président, dès son accession au pouvoir, prenne contact avec ses alliés et manifeste son intérêt pour les dossiers les plus importants.

Les élections de mi-mandat

Comme il faut élire les membres de la Chambre des représentants et le tiers des sénateurs tous les deux ans, de telles élections ont donc toujours lieu à la moitié du mandat présidentiel. Si l'électorat en profite pour porter un jugement sur la qualité du travail du Congrès, il est clair qu'il juge aussi celle du président. Bref, les élections de mi-mandat se transforment fréquemment en une forme de référendum portant sur la performance du président.

Durant le siècle dernier, la plupart des présidents et le parti auquel ils appartenaient ont subi des reculs dans leur représentation au Congrès lors des élections de mi-mandat. À l'époque de Dwight Eisenhower (élu en 1952), le Parti républicain a perdu le contrôle de la Chambre des représentants en 1954, et à l'époque de Bill Clinton (élu en 1992), le Parti démocrate a perdu le contrôle des deux chambres en 1994. Par la suite, Bill Clinton a fait un « virage vers la droite » dans son discours économique, ce qui lui a permis d'éviter la défaite à la présidentielle de 1996. Rappelons à nouveau que lors des élections de mi-mandat en 2006, les démocrates ont pris le contrôle du Congrès pour la première fois depuis 1994.

L'AIDE-MÉMOIRE

Choisir le président est devenu l'exercice le plus important de la vie politique américaine. Même si le processus est long et parfois ardu, il est cependant foncièrement démocratique à la base. Les partis politiques sont au centre de l'action et la Constitution américaine demeure le rempart ultime contre les dérapages possibles de la démocratie.

Dans ce chapitre, nous avons observé tout le processus d'accession d'un homme politique à la présidence, à partir du choix d'un candidat par son parti jusqu'à la campagne électorale et son entrée en fonction.

Voici quelques éléments qu'il peut être utile de retenir.

• Chaque parti a ses propres méthodes de sélection pour choisir son candidat à l'investiture.

• Les primaires (ouvertes et fermées), les caucus et la convention représentent les grandes étapes menant au choix d'un candidat.

• Le financement d'une précampagne présidentielle et d'une campagne présidentielle est réglementé pour limiter les contributions et les dépenses; de même, il est obligatoire de dévoiler le nom des donateurs. Les dépenses des candidats à la présidence sont entièrement couvertes par des fonds publics.

• Tous les quatre ans, durant l'été précédant l'élection présidentielle, les démocrates et les républicains organisent une convention pour choisir leurs candidats à la présidence et à la vice-présidence et pour adopter un programme électoral.

• Les électeurs votent directement pour leurs représentants. Malgré la présence du nom des candidats à la présidence sur les bulletins de vote, le choix du président se fait en définitive par le Collège électoral (voir les chapitres 1 et 2).

• Les points critiques dans une campagne : le discours des candidats à la présidence lors des conventions politiques, les débats télévisés, les points de presse et la couverture médiatique.

• La période de transition entre le président sortant et le nouveau président commence le lendemain de l'élection de novembre et dure jusqu'à la prestation de serment du nouveau président le troisième samedi de janvier.

• La transition comprend le transfert des dossiers, l'organisation de la sécurité du président, du vice-président et de leurs familles, ainsi que la nomination des personnes clés de la nouvelle administration.

• Le discours inaugural marque le début de la nouvelle administration.

PARTIE 2

LA CAMPAGNE
PRÉSIDENTIELLE 2008

CHAPITRE 4

UN RETOUR SUR LES PRIMAIRES

Comme nous l'avons déjà mentionné, l'élection présidentielle de 2008 a ceci de particulier que, pour la première fois depuis 1952, aucun des deux partis ne présente de candidat aux fins de réélection. Ainsi, quand le vice-président Dick Cheney a décidé de ne pas se lancer dans la course à la présidence, il a créé un vide que le Parti républicain a dû combler. Plus important encore, le fait que Cheney ait décidé de ne pas se présenter a fait naître la possibilité d'un changement idéologique. Aucun des candidats qui se sont présentés à l'investiture du Parti républicain ne semblait susceptible, ni désireux, de reprendre à son compte les politiques de l'administration Bush-Cheney, encore moins de s'en faire l'héritier. Pas étonnant, lorsque l'on constate que la guerre en Irak est devenue de plus en plus impopulaire et que l'économie américaine subit de sérieux contrecoups.

Les démocrates ont connu un succès retentissant aux élections de mi-mandat et depuis lors ils contrôlent la majorité au Congrès pour la première fois depuis

1992. Avec une administration sortante impopulaire, aux prises avec des problèmes complexes dont elle est, en grande partie, la première responsable, les démocrates amorcent les primaires persuadés de disposer de tous les atouts pour installer un des leurs à la Maison-Blanche en janvier 2009.

Le cycle des primaires a démarré particulièrement tôt. Les candidats ont commencé à avancer leurs pions peu après l'élection de mi-mandat. Les démocrates ont tout de suite attiré la plus grande partie de l'attention. À la suite des résultats décevants de 2004, il fallait s'attendre à ce qu'une nouvelle fournée de candidats soit de la joute électorale. Qui plus est, c'était un secret de Polichinelle qu'Hillary Rodham Clinton, l'ex-première dame des États-Unis et sénatrice de l'État de New York, serait de la course.

Les candidats potentiels ont lancé leur campagne tôt en 2007. Habituellement, l'année qui précède une année électorale présidentielle se veut relativement tranquille. 2007 a fait exception. Ce fut une année politique fort mouvementée, bien remplie en matière de campagnes de financement et de débats.

Les démocrates ne s'y attendaient peut-être pas, mais la qualité des candidats à l'investiture de leur parti réunissait tous les ingrédients pour donner lieu à une course de fond. Cette situation était en grande partie due au fait que les règles du parti entraînaient le regroupement des délégués élus proportionnellement au nombre de personnes qu'ils représentent. De leur côté, les républicains avaient adopté une formule hybride de représentation proportionnelle en association avec le concept selon lequel le gagnant empoche tout – le fameux concept du *winner takes all* –, sur le modèle du Collège électoral, ce qui a eu pour effet d'accélérer l'émergence d'un meneur.

C'est le *National Committee* de chacun des deux principaux partis qui fixe le calendrier des primaires et des caucus. Ce sont les organisations des États qui voient à établir le règlement et à organiser la tenue des caucus ou des primaires dans leur État respectif.

Depuis quelques années déjà, s'exprime dans les organisations locales un certain mécontentement au sujet de l'attention et de l'importance accordées au New Hampshire et à l'Iowa qui sont, traditionnellement, les deux États qui lancent les primaires et les caucus. Cela a eu pour effet de pousser les deux partis à demander aux États de devancer les dates des primaires, de façon à réduire l'importance de ces deux premiers États, qui ne sont pas représentatifs du point de vue démographique.

Voilà ce qui explique pourquoi, cette année, les primaires du Super mardi ont été tenues beaucoup plus tôt dans le cycle des primaires. Traditionnellement, dans le calendrier des primaires, celles tenues dans des États très peuplés, comme la Californie et New York, avaient lieu d'ordinaire au mois de juin. En 2008, ce fut tout un changement, elles ont eu lieu le 5 février.

Pour pouvoir remporter l'investiture de leur parti, les candidats doivent pouvoir disposer d'une majorité de délégués élus et de superdélégués (composés de responsables du parti et de représentants élus) lors de la convention. Ce sont les partis, selon leurs règles internes, qui fixent la définition et le nombre de délégués.

Pour ces primaires de 2008, chez les démocrates, le nombre de délégués avait été fixé au départ à 2 026. Au cours de la course, ce nombre a oscillé lorsqu'il a fallu ajouter les délégués reconnus des délégations « disqualifiées » de la Floride et du Michigan (ayant tenu une primaire à une date non autorisée par le Comité national démocrate, ces deux États ont été disqualifiés).

Chez les républicains, pour obtenir l'investiture, le nombre magique de délégués pour obtenir la majorité était de 1 191.

REGARD SUR LES PRIMAIRES DE 2008

Le défi des démocrates

Les primaires et les caucus offrent aux fidèles du parti la possibilité de choisir les candidats et les solutions à diverses questions. Dès le départ, les militants démocrates étaient très ragaillardis par l'impopularité de la guerre en Irak. Il ne faisait aucun doute que le parti avait payé cher le soutien qu'il avait accordé à la résolution qui, en 2002, a permis à l'administration Bush d'envahir l'Irak. En 2006, la victoire à l'élection de mi-mandat à l'issue de laquelle les démocrates ont obtenu la majorité aux deux chambres a incité la base du parti à appuyer un échéancier fixe de retrait rapide des troupes et à juger le candidat qu'ils allaient nommer en 2008 en fonction de ce critère. Les autres enjeux ont notamment porté sur la sécurité nationale, la diplomatie, les soins de santé, la dépendance énergétique, l'influence des groupes de pression et l'environnement. Néanmoins, au début de la période des primaires, c'est la guerre en Irak qui constituait le principal enjeu des militants démocrates.

Très rapidement, il est devenu évident que la thématique qui saurait unir l'ensemble des démocrates pouvait être résumée par un mot : le « changement ». Tous les candidats démocrates en sont venus, selon leurs convictions, à proposer leur propre vision du changement. Tout fut une question de dosage. On pouvait être favorable à un changement plus radical, transformateur de la société américaine; en parallèle, d'autres ont privilégié une vision plus réformiste que radicale, une démarche négociée, axée sur le processus et des projets politiques précis. Pour les démocrates, quel que devait être leur choix au bout du processus des primaires, il était clair que leur chef serait l'incarnation et le porteur d'une vision du « changement ».

La saison des primaires, en janvier 2008, pour les démocrates, s'amorce avec huit candidats toujours en lice. Les favoris sont faciles à identifier, il s'agit d'Hillary Clinton, de Barack Obama et, dans une moindre mesure, de John Edwards. Les autres candidats sont : Bill Richardson, le gouverneur du Nouveau-Mexique, Joe Biden, le sénateur du Delaware, Christopher Dodd, le sénateur du Connecticut, Dennis Kucinich, un député du Congrès, et Mike Gravel, un ancien sénateur de l'Alaska. Quant à Tom Vilsack, le gouverneur de l'Iowa, et Evan Bayh, le sénateur de l'Indiana, deux candidats ayant de très bonnes chances, ils se sont désistés avant le début de la course en faveur d'Hillary Clinton.

Le Comité national démocrate (DNC) n'a autorisé que quatre États à organiser une primaire ou un caucus au cours du mois de janvier. Il s'agissait de l'Iowa, du New Hampshire, du Nevada et de la Caroline du Sud. Les organisations locales du parti au sein des États de la Floride et du Michigan ont demandé à pouvoir tenir leurs primaires plus tôt. Ce à quoi le DNC a refusé de donner son approbation officielle. Cette situation allait devenir une importante source de frictions.

Cette fois encore, l'Iowa et le New Hampshire allaient être les premiers à servir d'étalons dans la course. La situation de ces deux États est assez paradoxale. Ce sont des États majoritairement blancs où les démocrates ont, en général, du mal à l'emporter lors des élections présidentielles. Pourtant, ce sont eux qui servent de tremplin et offrent le *momentum* électoral aux candidats.

Phase 1 : janvier et février

Tous les sondages nationaux, à la fin de 2007 et au début de 2008, donnent Hillary Clinton en avance. Certains sondages nationaux, plutôt dithyrambiques, lui donnent même une avance de plus de 20 points. Ceux qui sont plus attentifs ont bien conscience que les sondages par État montrent que son avance est fragile.

Le soir du 3 janvier, coup de tonnerre. De manière étonnante, c'est Barack Obama qui emporte le caucus de l'Iowa. Hillary Clinton termine non pas en deuxième, mais en troisième place. Les sondages avaient tout faux. La dynamique de la course est renversée. Obama obtient 38 % des voix, Edwards, 30 % et Clinton, 29 %. Le caractère inéluctable de la victoire d'Hillary Clinton est complètement balayé.

Gagnant en Iowa, Obama voit sa popularité monter en flèche à l'approche de la primaire du New Hampshire du 8 janvier. À la veille du vote, les sondages lui donnent une avance de 8 points. Le résultat est beaucoup plus serré : 2 % en faveur d'Obama sur Clinton. Mme Clinton se remet en selle et est de nouveau perçue comme la favorite. La course s'annonce rude. Un fait est clair, cependant, le soutien des Afro-Américains à l'endroit d'Hillary Clinton s'étiole tranquillement et cela va surtout se révéler plus tard lors de la primaire en Caroline du Sud.

Mme Clinton remporte haut la main le nombre total de votes lors du caucus du Nevada qui suit, mais, en raison de bons résultats dans les comtés ruraux et du calcul de la répartition des délégués particulier à cet État, Obama obtient la majorité des délégués. Le scrutin en Caroline du Sud, un État où résident un grand nombre d'Afro-Américains, se termine par la victoire écrasante d'Obama. Cette victoire nette d'Obama en Caroline du Sud est un moment décisif. Il devient manifeste qu'il ne reste plus que deux concurrents sérieux en lice et que la course va se révéler historique.

Pour la première fois de l'histoire des États-Unis, un des deux principaux partis va se présenter à l'élection présidentielle ayant à sa tête soit une femme, soit un Afro-Américain.

La campagne de John Edwards se termine en Caroline du Sud. Son plan avait été simple : gagner en Iowa, et donc éliminer Obama, obtenir de bons résultats au New Hampshire et l'emporter en Caroline du Sud, comme il l'avait fait contre Kerry en 2004. La réalité fut tout autre. Qui plus est, Obama jouit désormais de la confiance d'un grand nombre d'Afro-Américains, ce qui pousse l'ex-président Clinton, qui fait campagne auprès de son épouse, à faire une déclaration controversée dans laquelle il compare la victoire d'Obama en Caroline du Sud aux victoires du révérend Jesse Jackson lors des campagnes présidentielles de 1984 et 1988. Il laisse entendre, plus ou moins subtilement, qu'Obama est le candidat des Noirs et non pas celui de l'ensemble des démocrates.

Cette victoire d'Obama en Caroline du Sud ainsi que la déclaration intempestive de Bill Clinton incitent Edward Kennedy, le sénateur du Massachusetts, et sa nièce Caroline à se ranger du côté d'Obama. La roue d'entraînement, le *momentum*, est nettement en faveur d'Obama. Sa crédibilité est assise, plus solide. Il peut prétendre être réellement le représentant de tous les démocrates. Hillary Clinton se retrouve de nouveau sur la défensive.

Le Super mardi du 5 février s'annonce déterminant. Hillary Clinton fait très bonne figure et obtient de bons résultats dans les États importants, comme la Californie, New York, le Massachusetts et le New Jersey, mais Obama remporte la majorité des États. La soirée se termine donc sur un match nul entre elle et Obama.

Au bout du compte, après le Super mardi, Obama conserve une légère avance en ce qui concerne les délégués élus et il peut prétendre être celui qui a remporté la victoire dans un plus grand nombre d'États. Le jeune sénateur de l'Illinois est devenu un sérieux rival et la sénatrice Clinton connaît rapidement des problèmes de financement et d'organisation. Début février, elle doit sortir 5 millions de dollars de sa poche pour financer sa campagne et change de directeur de campagne. Un article, écrit par le journaliste Joshua Green et publié dans la livraison du mois d'août dernier de l'*Atlantic Journal*, met davantage en lumière les dissensions du camp Clinton.

À la fin du mois de février, Hillary Clinton n'est toujours pas parvenue à redresser la situation. La campagne de Clinton repose sur une stratégie qui vise à gagner rapidement, c'est-à-dire qu'elle mise sur le changement et sa grande expérience, et elle compte sur l'argent des gros donateurs du Parti démocrate. Elle concentre ses ressources et ses actions sur les États élisant un grand nombre de délégués, table sur les superdélégués et minimise l'importance des États où ont lieu des caucus. Son objectif : avoir une avance insurmontable au soir du 5 février. Les résultats au 5 février ne lui donnent pas raison. La stratégie manque sa cible et, en raison d'un manque de fonds, la campagne de Clinton fait chou blanc dans 11 États de suite.

À la fin du mois, contrairement à toutes les attentes, Obama est toujours en avance. Il a 1 192 délégués en poche alors que Clinton n'en a que 1 035 et, en ce qui concerne l'appui des superdélégués, Obama comble petit à petit son retard.

Phase 2 : de mars à juin

Au début de mars, l'« Obamamanie » est lancée. Les médias n'en ont que pour lui. La fièvre Obama est partout. On ne parle que d'Obama. Les grandes assemblées, l'utilisation d'Internet, l'incroyable efficacité de sa campagne de financement, l'enthousiasme des jeunes électeurs, tout cela contribue à créer un état de grande effervescence autour de sa candidature. Hillary Clinton ressent pour la première fois la possibilité d'une défaite, mais elle n'est pas de celles qui abandonnent facilement.

Pour rester dans la course, Clinton doit remporter une victoire éclatante en Ohio et au Texas le 4 mars. Se tiennent dans chacun de ces deux États une primaire et des caucus. Sa victoire en Ohio est incontestable, alors que plus modeste au Texas où Obama remporte les caucus. Au chapitre des délégués, Obama conserve son avance et Clinton montre qu'elle est un adversaire tenace et qu'elle n'entend pas abandonner.

Le mois de mars est un mois crucial, même si Obama aurait préféré qu'il en soit autrement. Par le passé, l'extravagant pasteur Jeremiah Wright, qui fut un mentor d'Obama, avait fait certaines déclarations incendiaires au sujet des États-Unis et du racisme ambiant de ses concitoyens. Ces propos du pasteur font la manchette. Obama est testé. Son caractère et ses compétences politiques sont mis à l'épreuve. En réaction à la controverse, il livre un discours d'une grande importance. Son discours, intitulé *A More Perfect Union* («Une union plus aboutie»), est salué comme un véritable tour de force et est favorablement accueilli par les médias et la classe politique.

Par sa gestion contrôlée de la crise, Obama démontre sa valeur. Il a surmonté cette crise avec brio.

L'étape cruciale suivante est en avril : en accordant une victoire décisive à Hillary Clinton, la Pennsylvanie la garde au cœur de la course.

Le 22 avril, elle remporte la bataille sans appel. Obama contre-attaque le 6 mai en Caroline du Nord où il l'emporte avec 15 points d'avance. Dans l'Indiana, aucun véritable gagnant. Hillary Clinton l'emporte avec un maigre 1 % d'écart. Chaque fois que Clinton marque un point, Obama réussit à l'égaliser. Il est indéniable que la règle de la représentation proportionnelle retenue par le Parti démocrate pour la répartition des délégués profite à Obama.

La phase 2 prend fin sur un match nul dans des États comme le Montana, le Dakota du Sud, le Kentucky et l'Oregon. La fin des caucus et des primaires approche et, à présent, c'est la nomination d'Obama qui apparaît inéluctable et non plus celle de Mme Clinton. Aussi les superdélégués commencent-ils à se ranger du côté du sénateur de l'Illinois. Les solutions de compromis adoptées par le comité du règlement, grâce auxquelles les délégations de la Floride et du Michigan étaient admises de nouveau, ne changent pas grand-chose à une situation qui est de plus en plus évidente : Obama reçoit l'appui d'une majorité de délégués et sera probablement nommé candidat démocrate à la présidence des États-Unis.

La course à la direction du Parti démocrate est le suspense dont rêvent tous les stratèges politiques et les spécialistes du marketing. Elle oppose des candidats de taille, attire l'attention soutenue des médias, favorise le militantisme des membres et un fort taux de participation, permet de lancer une énorme campagne de financement, attire de nouveaux électeurs pleins d'enthousiasme et, finalement, donne lieu à de nombreuses manifestations d'unité.

Le 3 juin, à l'heure des bilans, Obama a gagné un nombre supérieur de délégués et de superdélégués que le nombre minimum de 2 117 requis. La sénatrice Clinton se ralliera officiellement à Barack Obama quelques jours plus tard.

Hillary Clinton se rallie à Obama, en dépit du fait qu'elle a remporté la phase 2 et obtenu pratiquement le même nombre de voix que lui. Cela constitue un obstacle pour Obama, dans la mesure où il doit convaincre les partisans inconditionnels de Mme Clinton de serrer les rangs eux aussi pour s'assurer la cohésion du parti lors de la convention prévue pour la fin août.

Pourquoi Obama a-t-il gagné?

Il est sûrement trop tôt pour écrire le compte rendu définitif de ces primaires. Favorite au départ, Hillary Clinton a-t-elle été trop confiante et pris pour acquis que la direction du parti lui revenait de droit? De son côté, Barack Obama a soigneusement pris le pouls de la nation et de son parti. Sa prise de position initiale contre la guerre en Irak lui a tout de suite donné un avantage. Il a exploité le « mauvais jugement » dont ont fait preuve ses rivaux qui se sont montrés au départ favorables à la guerre. Il a créé un solide mouvement de citoyens ordinaires. Il est parvenu à susciter l'intérêt de nombreux nouveaux militants en grande partie grâce à l'utilisation d'outils comme Internet et les sites de réseautage social. L'équipe d'Obama a réussi à exploiter le créneau du financement en ligne et à innover en matière de communication politique. Lorsque John Edwards, qui contrairement à Hillary Clinton, s'est excusé d'avoir voté en faveur de la guerre en Irak, cela a donné à Obama un surplus d'autorité morale.

Obama a axé sa stratégie sur la mobilisation des nouveaux électeurs. Il a su les convaincre par son éloquence et il leur a donné le sentiment qu'ils pouvaient faire la différence en contribuant financièrement à sa campagne de façon modeste (des dons de 5 $ à 50 $). Il a aussi concentré ses actions tant dans les États où se tenaient des caucus que ceux où se déroulaient des primaires. Contrairement à Hillary Clinton, il n'a négligé aucun État. Il a compris d'entrée de jeu l'importance de la répartition proportionnelle des délégués. Obama a remporté le plus grand nombre d'États, soit 31, obtenu le plus grand nombre total de délégués (51 % contre 49 %) et recueilli la majorité de suffrages (51 % contre 49 %) en ne changeant jamais de cap.

Le discours qu'il a prononcé au New Hampshire au mois de janvier ressemblait davantage à un discours de victoire que de défaite. Les déclarations qu'il a faites après sa victoire en Caroline du Sud ont donné l'impression qu'il était à la tête d'un véritable mouvement. Les jeunes, les nouveaux électeurs et les électeurs indépendants qui souhaitent la transformation du parti et un changement de génération se sont rangés à ses côtés. Des foules énormes ont assisté à ses assemblées. Par exemple, à la fin mai, Obama a réussi à rassembler 80 000 personnes en Oregon.

Bien sûr, comme dans toute course électorale, il a su profiter des erreurs de ses rivaux. La pourtant talentueuse Hillary Clinton a mené une campagne décousue, désordonnée et, en général, manquant de cohérence. Il est impardonnable qu'elle ait commis des erreurs stratégiques (le peu d'importance accordée aux États où avait lieu un caucus), ne se soit pas rendu compte du potentiel d'Internet et du monde Web 2.0. Elle a misé sur des conseillers égocentriques grassement payés qui n'ont pas su s'intégrer à son équipe. Il est presque incroyable qu'elle se soit retrouvée à court d'argent au mois de mars, à un moment aussi crucial de la campagne.

De son côté, l'équipe d'Obama est demeurée soudée. Elle a su gérer les crises avec précision et collégialité. La manière dont elle a surmonté la controverse associée au révérend Wright a parfaitement illustré la vigueur et l'efficacité de la campagne qu'elle a menée.

Au début des primaires, la campagne de Clinton a semblé à contre-pied, déstabilisée. Lorsqu'elle a repris son mordant au cours de la phase 2, elle n'est jamais parvenue à corriger les erreurs du début. Sa troisième place en Iowa a été une surprise et a brisé l'élan dont elle avait besoin pour se présenter en position de force au Super mardi du 5 février.

Obama était conscient qu'il devait gagner en Iowa. Il était hors de question de terminer deuxième. En l'emportant de manière incontestable dans un État majoritairement blanc, il a montré aux Afro-Américains qu'il était un candidat qui pouvait également recevoir l'appui de toutes les franges de la population américaine.

Qu'elle ait fait preuve de présomption ou d'un excès de confiance en elle, il est difficile de comprendre pourquoi Hillary Clinton n'a pas mesuré l'importance de l'emporter dans le premier État où il y a eu un caucus plutôt que de se concentrer sur les États comptant beaucoup sur le plan électoral. Elle semble avoir oublié qu'il s'agissait des primaires et non pas d'une élection générale.

Le rôle joué par l'ancien président Bill Clinton auprès de son épouse a lui aussi été critiqué. Lui qui, durant ses campagnes, se révélait un redoutable batailleur, semble n'avoir jamais été à la hauteur. Il a souvent donné l'impression de vouloir retourner à la Maison-Blanche davantage par intérêt personnel que pour changer la politique du gouvernement. Sous sa présidence, Bill Clinton a mené une politique efficace sur le plan économique, mais il a commis de graves erreurs de jugement. Les historiens évalueront quelle aura été la part de responsabilité de Bill Clinton dans la défaite de celle qui au départ était la favorite. Revivre le *soap opera* qu'a été, par moments, le passage de Bill Clinton à la Maison-Blanche, n'a pas semblé être une idée si palpitante aux yeux de nombre des démocrates.

Il est vrai que la longueur de la durée des primaires a fait perdre un peu de son lustre à la candidature d'Obama. Toutefois, à la fin de la course, il est apparu comme un meilleur débatteur et comme une personne qui a plus que le sens de la formule politique et qui sait prendre des décisions difficiles.

Nous examinerons ultérieurement ses chances de gagner l'élection présidentielle de novembre, mais il est très possible qu'une victoire facile durant les primaires ne l'ait pas préparé à la bataille qui l'attend.

Les républicains de l'après-Bush

Depuis la fin de la Seconde Guerre mondiale, le Parti républicain a occupé plus souvent la Maison-Blanche que le Parti démocrate. Les républicains ont exercé la présidence quatre fois deux mandats, contre deux fois deux mandats pour les démocrates. Depuis que la Constitution (22e amendement) limite à deux le nombre de mandats présidentiels, les républicains sont les seuls à avoir réussi à additionner trois mandats consécutifs : George H. W. Bush a été élu après que Reagan eut exercé le pouvoir pendant huit ans.

John McCain, le candidat républicain à l'élection de 2008, va essayer de renouveler cet exploit. Cependant, nombre d'observateurs s'accordent pour dire que, cette année, le vent n'est pas aussi favorable aux républicains. Au cours de son second mandat, George W. Bush, le président sortant, a vu son impopularité atteindre des sommets inégalés dans l'histoire moderne.

Il est devenu manifeste que les républicains vont devoir prendre leurs distances de l'administration Bush. Exercer la présidence après Ronald Reagan a été plus facile qu'elle ne le sera après George W. Bush. De plus, comme le vice-président sortant a décidé de ne pas prendre la défense de son gouvernement, cela a créé un vide.

Aucun des candidats républicains à la succession de George W. Bush n'a été proche de l'équipe présidentielle sur le plan politique. Tous les candidats à l'investiture républicaine cherchent à lui succéder sans donner l'impression de s'opposer à lui. Ce qui n'est pas une mince tâche.

La période qui a précédé les primaires

Pour les républicains, 2006 et 2007 sont marquées par le retrait rapide de candidats potentiellement attrayants. Bill Frist, le sénateur du Tennessee et le leader de la majorité au Sénat (2002-2006), et George Allen, le sénateur de la Virginie, ont été pressentis comme des dirigeants potentiels et les successeurs naturels de la mouvance la plus conservatrice du parti. Ces candidats ont la capacité de mobiliser les partisans du conservatisme social (valeurs), les néoconservateurs (politique étrangère) et de respecter les valeurs conservatrices traditionnelles (rôle du gouvernement et économie).

Début 2007, Frist décide pourtant de ne pas prendre part à la course et Allen s'est sorti lui-même. Il ne parvient pas à se faire réélire au Sénat en 2006. Il s'est fait battre en Virginie par le démocrate Jim Webb.

Deux autres candidats fort prometteurs avaient des chances, mais ils ont abandonné la course en 2007.

Tant Sam Brownback, le sénateur du Kansas, que Tommy Thompson, un ex-gouverneur du Wisconsin, ne sont en mesure de réunir les fonds suffisants ni d'obtenir le soutien nécessaire, de sorte qu'ils se sont retirés en août 2007.

Au cours d'une bonne partie de l'année 2007, l'ancien sénateur et acteur Fred Thompson est perçu comme une possible réincarnation de Ronald Reagan. Il hésite trop longtemps si bien que, lorsqu'en septembre il annonce sa candidature, il est tellement en retard qu'il manque de ressources financières et n'a pas d'organisation. Entre-temps, John McCain et Rudy Giuliani, l'ancien maire de New York, Mitt Romney, un ex-gouverneur du Massachusetts, Ron Paul, un député du Texas au Congrès, Mike Huckabee, un ex-gouverneur de l'Arkansas, et Duncan Hunter, un député de Californie au Congrès, ont tous annoncé leur candidature.

Aucun ne se présente comme un successeur naturel de Bush, et, pour le Parti républicain, ces primaires sont une occasion pour changer d'orientation et de tonalité politique.

À la fin de 2007, la question est de savoir quelle direction le Parti républicain va prendre dans cette nouvelle ère post-Bush et qui va le diriger. Le jeu est grand ouvert chez les républicains.

La période des primaires (du 3 janvier au 4 mars)

En janvier 2008, à l'amorce des primaires, rien n'est joué. On s'attend à ce que les républicains s'engagent dans une course de longue haleine, puisqu'aucun des candidats ne suscite d'engouement et personne ne se démarque. Contrairement aux démocrates qui répartissent les délégués par État selon un calcul proportionnel au pourcentage de votes obtenu, chez les républicains qui conservent la règle selon laquelle « le gagnant empoche tous les délégués d'un État » – *winner takes all* – qui régit certains des États clés parmi les plus peuplés, va être un facteur déterminant dans cette course à l'investiture de leur parti.

Tôt en janvier, c'est Rudy Giuliani que les sondages nationaux donnent favori, en dépit de ses opinions plutôt libérales sur l'avortement et sur l'union civile de personnes de même sexe.

Un de ses rivaux potentiels est John McCain, qui est loin derrière. 2007 a été une année difficile pour John McCain, presque catastrophique en fait. Il y a eu des dissensions au sein de son personnel et il a eu de piètres résultats de financement.

Mitt Romney, quant à lui, a une bonne image. Sa réputation de bon gestionnaire est solide. Il est considéré à la fois comme un gouverneur du

Massachusetts efficace et un homme d'affaires prospère. En théorie, ses chances sont plus que prometteuses. Cependant, on lui reproche de tergiverser et d'avoir changé d'opinion sur certaines questions sociales conservatrices, comme l'avortement et les droits des gais, dans le but exprès de plaire à l'électorat conservateur.

Le gouverneur Huckabee, de l'Arkansas, est un candidat peu probable aux moyens financiers limités. Il a un grand avantage politique : il est le seul capable d'enthousiasmer la base de l'électorat chrétien, mais sa popularité auprès des électeurs en général est modeste.

Voici donc les principaux candidats appelés à succéder au président George W. Bush. Tant les électeurs que les médias ne sont pas très impressionnés.

Si les résultats obtenus en Iowa et au New Hampshire surprennent les démocrates et contredisent les fameux experts, que dire de ceux des républicains? On va de surprise en surprise.

Curieusement, Giuliani opte pour une stratégie de campagne douteuse. Il ne daigne pas faire campagne en Iowa et au New Hampshire. Il concentre tous ses efforts sur la primaire de la Floride afin de mettre toutes les chances de son côté dans la version républicaine du Super mardi du 5 février.

Cette décision fera probablement les annales de l'histoire à titre de stratégie la plus mal conçue par un candidat à la Maison-Blanche. Balayant l'histoire du revers de la main en ignorant l'important rôle qu'avaient joué les primaires de l'Iowa et du New Hampshire dans le succès remporté par les candidats qui l'avaient précédé, Giuliani se prive ainsi d'une importante couverture médiatique. Bien qu'il soit candidat officiel dans ces deux États, il n'y mène pratiquement aucune campagne.

Lorsque les résultats sortent le 3 janvier en Iowa, pour les républicains, ils sont inattendus.

Huckabee prend tout le monde par surprise en remportant 34 % des votes contre 25 % pour Romney. Giuliani, pour sa part, se retrouve en dernière position avec 4 % des votes. McCain peut prétendre à un respectable 13 % des votes. Il fait peu campagne en Iowa, se concentre sur le New Hampshire, ce qui va lui rapporter gros. Cinq jours plus tard, McCain remporte une brillante victoire au New Hampshire en recueillant 37 % des votes contre 32 % pour Romney, tandis que Huckabee s'empare de la troisième place. Giuliani n'a pas décollé, il est quatrième.

Tout comme en 2000, l'État du New Hampshire est heureux pour McCain et lui permet de reprendre pied après sa désastreuse année 2007. Mitt Romney est dans les câbles en perdant ces deux primaires dont il avait tant besoin pour donner un envol à sa candidature. Quant à Giuliani, c'est pitoyable. Il ne semble même pas se rendre compte que sa candidature s'effrite lentement. Il est pratiquement hors jeu.

L'étape suivante de la course : le Michigan. Les sondages nationaux montrent que John McCain prend une certaine avance et on le donne, fait des plus inusités, comme favori. La délocalisation des emplois à l'étranger constituant le principal enjeu dans cet État, Romney l'emporte toutefois sur McCain avec 39 % des votes contre 30 % pour ce dernier. Romney se révèle ainsi comme un opposant de taille et peut toujours, dans une certaine mesure, prétendre demeurer un aspirant.

La Caroline du Sud est le prochain rendez-vous. C'est dans cet État que la campagne de 2000 de McCain a frappé un mur. La Caroline du Sud constitue une terre fertile pour le candidat favori des évangélistes, Mike Huckabee. Voilà pourquoi Mitt Romney n'y dépense que peu d'énergie et Fred Thompson, dont la candidature a besoin d'un bon nombre de votes pour maintenir son élan, sont tous deux écrasés. La Caroline du Sud est une autre conquête inattendue pour McCain.

John McCain est maintenant à l'avant de la scène et gagne en popularité. La bataille passe dorénavant par la Floride et, avec McCain en avance, il devient évident que la stratégie de Giuliani d'y concentrer ses efforts a échoué. McCain remporte la primaire de Floride contre Romney et, avec le ralliement de Rudy Giuliani, il peut maintenant prétendre à la victoire.

Dans les jours qui suivent, John McCain reçoit l'appui de la plupart de ses rivaux ainsi que du président George W. Bush dans l'espoir de stimuler la base du parti. Mike Huckabee est le dernier des opposants de McCain à abandonner la course.

Pourquoi McCain a-t-il gagné?

Rares sont ceux qui auraient pu prédire que John McCain emporterait l'investiture républicaine, après de si piètres débuts en 2007. Le sénateur au franc-parler ne semblait pas à l'écoute de l'électorat et, bien qu'encore plein de vitalité, il paraissait son âge; tout le monde savait qu'une fois élu, il serait, à 72 ans, le président le plus âgé de l'histoire des États-Unis au moment d'entrer en fonction. En outre, sa nature de franc-tireur ne lui avait valu jusque-là que peu de sympathie de la part des militants du parti. Qui plus est, son flirt avec les démocrates le rendait fréquemment suspect.

Mais John McCain n'est pas un politicien ordinaire. Sa ténacité et sa rafraîchissante candeur ont toujours fait de lui un favori des médias. Sa décision de miser sur le New Hampshire s'est avérée tout aussi judicieuse que celle d'Obama au regard de l'Iowa. Il faut reconnaître que le sénateur McCain possède de grandes qualités de rassembleur et qu'il est courageux. On peut se préoccuper de son âge, mais sa réputation comme figure publique est dans l'ensemble sans taches.

Il demeure toutefois que le sénateur de l'Arizona a bénéficié de la faiblesse de ses opposants. Aucun des candidats républicains n'arrivait à aviver l'enthousiasme du parti et les conservateurs sociaux, dont l'influence avait été si importante au cours des campagnes précédentes, se sentaient peu inspirés.

Mitt Romney, qui avait la prestance, l'intelligence et l'argent nécessaires, fut éventuellement perçu comme frimeur et peu convaincant. Il se montra en effet soudainement contre le libre choix à l'avortement alors même qu'il avait apporté son appui à cette cause tout au long de sa carrière politique. Cela eut pour effet de nourrir le doute quant à sa sincérité à titre de conservateur social.

Rudy Giuliani, seul autre candidat qui pouvait s'opposer sérieusement à McCain, joua sur le fait que les militants républicains se souviendraient de sa prestation comme maire de New York lors des événements du 11 septembre 2001. Avec trois mariages à son actif, de même que son appui aux droits des gais et son passé pro-choix, Giuliani personnifiait des enjeux que les conservateurs sociaux rejetaient. Bien que les sondages lui aient accordé une avance, il n'avait pas ce qu'il fallait pour gagner le cœur et l'esprit des républicains.

Ironiquement, le président Bush a possiblement contribué à la résurrection de John McCain. Sa réputation de canard boiteux — *lame duck* — et son manque de popularité aidant, le président n'a pas en effet constitué un facteur déterminant dans ces primaires républicaines. L'impression, pourtant fausse, durant toutes ses années que McCain était en désaccord avec Bush a joué en sa faveur. McCain ne gagnera peut-être jamais de concours de popularité auprès de la base militante du Parti républicain, mais son esprit indépendant lui a permis de se distancier de l'impopulaire président sortant. Tout compte fait, il est suffisamment différent de Bush pour que les militants républicains puissent croire que se démarquer de Bush fils lors de la campagne présidentielle est un atout.

John McCain, en tant que candidat à la présidence, rapproche le Parti républicain du traditionnel centre droit. Son esprit indépendant et sa capacité au bipartisme donnent l'impression à l'électorat que ce républicain de l'après-Bush représente peut-être un agent de changement moins risqué que son adversaire démocrate. Aux yeux de beaucoup, McCain n'est pas le républicain idéal, mais il constitue en fin de compte le meilleur espoir qu'a le Parti républicain de rester à la Maison-Blanche.

REGARD SUR LES CANDIDATS

Barack Obama : espoir et changement

Le sénateur Barack Obama est né le 4 août 1961 à Honolulu, dans l'État d'Hawaï. Son père, également prénommé Barack, est originaire du Kenya; il fit la connaissance d'Ann Dunham, de Wichita au Kansas, dans le cadre d'un échange d'étudiants à l'Université d'Hawaï. Ils se marièrent et Ann donna naissance à Barack fils. Plus tard, le couple divorça. Barack avait deux ans quand son père quitta le domicile conjugal et il ne le revit qu'une seule fois par la suite, à l'âge de dix ans.

Sa mère épousa en secondes noces l'Indonésien Lolo Soetoro et la famille partit s'installer à Jakarta, en 1967. Le jeune Barack y fréquenta les écoles locales, tant catholiques que musulmanes, puis retourna à Honolulu pour y vivre avec les parents de sa mère. Barack Obama a fréquenté l'école Punahou de sa cinquième année de primaire jusqu'à la fin de son secondaire et s'est ensuite inscrit à un collège de Los Angeles, puis à l'Université

Columbia, où il a obtenu un baccalauréat avec une majeure en sciences politiques.

Après avoir travaillé pendant quelques années à titre d'organisateur communautaire à Chicago, Obama étudia à l'Université Harvard, où il fut le premier Afro-Américain à être élu président de la *Harvard Law Review*. Cette distinction lui a d'abord valu une certaine couverture médiatique suivie, plus tard, d'une entente avec un éditeur qui a résulté en la publication d'un récit autobiographique portant sur la recherche de son identité, intitulé *Dreams from My Father*.

Après avoir obtenu son diplôme de la faculté de droit de l'Université Harvard, il a enseigné le droit constitutionnel à l'Université de Chicago et a également joint les rangs d'un cabinet d'avocats spécialisé en droit civil après avoir refusé les offres de cabinets plus prestigieux.

En 1992, il épouse Michelle Robinson, qui l'a formé pendant son stage dans un important bureau d'avocats de Chicago alors qu'il étudiait à Harvard. Le couple a deux filles : Malia, âgée de dix ans, et Natasha, sept ans. Michelle Obama est diplômée de l'Université Princeton et de l'École de droit de Harvard.

C'est en Illinois que Barack Obama lance sa carrière politique comme sénateur de 1997 à 2004. En 2004, il fait le saut sur la scène nationale pour devenir sénateur de l'Illinois. Il se fit véritablement remarquer sur la scène nationale à l'occasion de la convention nationale du Parti démocrate de 2004, à Boston, en prononçant un discours électrisant. Sa victoire éclatante (70 % contre 27 %) sur le républicain Alan Keyes, en novembre 2004, témoignait d'un homme d'action. Il a annoncé sa candidature à la présidence des États-Unis le 10 février 2007 à Springfield, en Illinois.

Obama est un candidat unique en son genre, car en tant qu'Afro-Américain, il est le produit de l'après-mouvement pour les droits civils des années 1960 et est trop jeune pour avoir combattu au Vietnam. Issu d'un mariage biracial, il a été élevé par une mère monoparentale, il a vécu sur deux continents (Asie et Amérique), alors que son père est originaire d'Afrique. Issu d'un milieu modeste, il a pu fréquenter des écoles prestigieuses grâce à des bourses d'études et des prêts étudiants. Sa vie est un exemple concret du rêve américain. Ce sont ces éléments qui ont réussi à le démarquer de ses rivaux, pourtant plus solides et expérimentés, au cours de la primaire démocrate. Ses détracteurs ont tenté de le dépeindre comme un élitiste exotique.

La teneur de sa pensée politique au fur et à mesure de sa montée en politique a conduit certains observateurs à le comparer à John F. Kennedy et au changement générationnel qu'a engendré ce dernier lors de sa victoire de 1960. L'accession d'Obama à la présidence serait de toute évidence historique, mais il a cependant toujours refusé d'être considéré comme un candidat américain de race noire. Le discours qu'il a prononcé sur le racisme à la suite de la controverse provoquée par le révérend Wright et celui sur le rôle du père dans la communauté noire américaine contrastent avec les idées reçues du mouvement américain des droits civils.

Obama a également démontré au cours de sa brève carrière d'homme public un talent pour l'écriture. *Dreams from My Father* a été réédité, après son discours de 2004, et est maintenant un succès de librairie. Son deuxième livre, *The Audacity of Hope*, qui traite des enjeux politiques et de la gouvernance des États-Unis, est également un best-seller. Il ne fait aucun doute que son expérience ne se compare pas à celle de son rival républicain, plus chevronné, mais le récit de sa vie en fait un candidat unique en son genre, prometteur et attirant.

Ses principales prises de position

Comme nous l'avons dit précédemment, la position antiguerre de Barack Obama sur l'Irak a établi la base sur laquelle s'est érigé l'appui qu'il a reçu. À l'époque, cette position était controversée puisque les politiciens de la scène nationale et le public en général se montraient plutôt en accord avec cette guerre. Mais l'humeur du Parti démocrate s'est transformée au fil des ans. Le revirement de John Edwards, un rival qui avait donné son aval à l'invasion de l'Irak et qui s'en est par la suite excusé, illustre bien le degré de désenchantement par rapport à ce conflit. Hillary Clinton a pour sa part refusé de suivre l'exemple d'Edwards par peur de paraître faible; rétrospectivement, elle s'est peut-être coupée de militants démocrates opposés à la guerre qui ont fini par pencher en faveur d'Obama.

Au cours de sa brève carrière sur la scène politique nationale, Obama s'est surtout penché sur les enjeux qui touchent l'éthique, l'environnement et la prolifération des armes nucléaires. De concert avec le sénateur démocrate Russ Feingold, il a introduit une loi visant à régir la transparence gouvernementale en matière de lobbying et de contributions financières. John McCain et lui se connaissent bien. Ils ont travaillé ensemble à un projet visant à réduire les gaz à effet de serre. Il a travaillé aux côtés du sénateur républicain Chuck Hagel à une loi qui a pour but de réduire les risques de terrorisme nucléaire. Il est également coauteur, avec le sénateur républicain Richard Lugar, de la loi qui a pour objectif de mettre un terme au stockage d'armes classiques qui pourraient tomber entre les mains des terroristes.

Une de ses principales positions en matière de politique vise la fin de la guerre en Irak et un retrait ordonné des troupes américaines de ce pays. Il prône également l'accroissement de l'indépendance énergétique, grâce à une stratégie diversifiée d'utilisation des ressources énergétiques, dont la promotion d'énergie alternative, le développement de soins de santé à l'échelle du pays, une relance de l'économie et une réduction des taxes pour la classe moyenne.

Obama se fait le défenseur d'un changement dans la façon dont se joue la politique quand il parle de restaurer le leadership moral aux États-Unis. Il préfère l'approche diplomatique multilatérale; il est pour le droit des femmes à l'avortement, les droits des gais et la promotion sociale et il se montre sensible au réchauffement climatique de la planète et aux pratiques environnementales à venir, dont il tient compte avant de signer des ententes sur le libre-échange. Pour obtenir de plus amples renseignements sur les politiques d'Obama, consultez le site www.barackobama.com.

Ses particularités positives

Ses détracteurs clament souvent que les médias de masse traditionnels favorisent indûment Barack Obama, qu'ils ne sont pas suffisamment critiques à son endroit et qu'ils lui accordent une couverture plus importante et plus positive. Il n'y a aucun doute que l'histoire d'Obama a fait l'actualité politique en 2008 et tous ont remarqué au cours de son voyage à l'étranger, en juillet, l'enthousiasme qu'il suscite partout où il passe.

Il est évident que son histoire fascine les gens. Pour bien des gens, il incarne le rêve américain, une Amérique nouvelle. Pour d'autres, sa candidature représente un changement générationnel (sa jeunesse) et historique dans le processus (le fait qu'il soit Noir). L'intérêt et la couverture médiatiques, tant en Amérique qu'à l'étranger, ne diminueront certainement pas à l'approche du jour du scrutin.

L'attrait qu'il exerce n'est cependant pas que simple fascination médiatique. Son élocution, son choix judicieux des mots, sa capacité à mobiliser et à motiver, l'explosion spectaculaire du nombre de ses sympathisants chez les jeunes, l'utilisation intensive et innovatrice d'Internet, son style et son comportement de même que sa position sur les grandes questions touchant la nation en font un politicien chevronné.

Ses écrits demeurent la meilleure source pour bien comprendre le phénomène Obama au cours de cette campagne. Son autobiographie *Dreams from My Father* est particulièrement fascinante. Elle a été rédigée en raison de sa notoriété en tant que président de la *Harvard Law Review*, et non en raison d'une éventuelle candidature à la présidence, comme ce fut le cas pour *The Audacity of Hope*.

Dreams from My Father nous dévoile une personne sensible à la recherche de son identité et qui a mûri au cours du processus. On peut y comprendre l'influence qu'a eu sur lui sa mère, le rôle de ses grands-parents maternels, le choc culturel qu'il a subi à son arrivée en Indonésie et, plus tard, lorsqu'il est venu étudier et travailler en Amérique continentale. Son travail dans les rues de Chicago, ses choix de carrière et ses efforts constants pour plonger ses racines renseignent et inspirent le lecteur au-delà du côté politique.

Et par-dessus tout, on y apprend comment s'est faite la découverte de son identité raciale. La façon dont il a écrit à son père kényan et a communiqué avec lui, son attente et sa désillusion lorsque son père l'a visité et l'importance de la religion dans sa vie sont autant de sujets qu'il traite d'une manière personnelle et parfois non conformiste sur le plan idéologique. Et nous voyons un homme qui a su grandir dans cette démarche de recherche intérieure.

Cette capacité de grandir semble aussi très présente chez Obama en campagne électorale. La course à l'investiture aussi serrée qu'éprouvante a transformé le jeune Obama idéaliste qu'il était en une personne aujourd'hui plus réaliste, mais toujours à la poursuite de ses idéaux politiques.

Ses particularités négatives

Aucun candidat ne saurait être à l'abri des détracteurs et de la critique. « Élitiste », « arrogant », « inexpérimenté », « naïf » et « prétentieux » figurent parmi les qualificatifs négatifs entendus le plus souvent à l'endroit d'Obama. Le fait qu'il ait modifié certaines de ses positions initiales sur des sujets tels que le financement public de l'actuelle campagne présidentielle, le contrôle des armes à feu, les groupes communautaires confessionnels, son appui à un projet de loi sur la surveillance étrangère et sa position sur le forage en mer a mené ses opposants à lui coller l'étiquette de « spécialiste de la volte-face ».

Sa caractéristique la plus négative en même temps que la plus exploitée est son inexpérience. Dans leur publicité, les républicains demandent, comme l'a si malencontreusement fait Hillary Clinton durant la campagne à l'investiture démocrate : « Est-il prêt à diriger ? » Les longs états de service et les réalisations de McCain viennent souligner les écarts entre le parcours des deux hommes. Obama a peut-être été législateur pendant 12 ans, mais il ne l'a été que pendant quatre ans à l'échelle nationale.

Tandis que la campagne atteint son paroxysme, on s'attend à ce que les républicains déploient tous leurs efforts pour faire de cette élection un « référendum sur Obama ». Non sur le Obama attirant, populaire et rassembleur de foules, mais sur ses antécédents, mettant en doute ses réelles croyances religieuses et ses liens avec son ancien pasteur. La question de son origine raciale qui, selon les sondages, demeure un facteur, viendra encore ajouter à une élection axée sur Obama, la personne, plutôt qu'une élection portant sur le changement. Tout au long de la campagne, on fait allusion à ce que l'on appelle « l'effet Bradley », ainsi nommé d'après l'ancien maire de Los Angeles, un Afro-Américain. Bradley a mené dans tous les sondages lors de la campagne pour l'élection au poste de gouverneur de la Californie en 1982 pour finalement subir la défaite.

Et enfin, le mot « libéral » est utilisé pour définir les opinions politiques d'Obama et, au cours des trois dernières décennies, cette ligne de conduite a aidé le candidat conservateur, en politique présidentielle. Malgré les positions centristes adoptées par Obama, certains groupes de l'extérieur ont apposé à ses votes antérieurs l'étiquette de « votes les plus libéraux du Sénat ».

John McCain : caractère et persévérance

Autant Barack Obama a modifié l'allure de la course des démocrates, autant le choix de John McCain représente une conception politique fort différente pour les républicains. D'accord, il sollicite un troisième mandat sous la bannière conservatrice républicaine, il est un ardent conservateur et il a été un tenant de la guerre en Irak. Et son opposant démocrate ne manque pas d'exploiter cette facette. Mais John McCain n'est pas George W. Bush! Ses héros républicains sont de la trempe des Abraham Lincoln, Theodore Roosevelt, Dwight Eisenhower et Ronald Reagan. Tout au long de sa vie, l'homme du *Straight Talk Express* a affiché sa propension à être indépendant d'esprit et sa tendance pour des solutions bipartisanes au Congrès.

John Sidney McCain est né le 29 août 1936, à la base aéronavale Coco Solo, dans la zone de Panal Canal. Il est actuellement marié avec Cindy McCain et a sept enfants (dont trois d'un mariage précédent qui s'est terminé par un divorce). Diplômé de l'Académie navale des États-Unis, McCain s'est par la suite joint à l'Aéronavale. Son grand-père et son père furent des amiraux de la Marine des États-Unis.

Ancien combattant de la guerre du Vietnam, son avion a été abattu et il fut capturé par les Nord-Vietnamiens qui l'ont gardé prisonnier de 1967 à

1973. Refusant d'être libéré plus tôt parce que son père était responsable des forces navales américaines au Sud-Vietnam et qu'il aurait considéré cela comme de la propagande, il a subi de graves tortures en de nombreuses occasions. Sa détermination et son courage tout au long de cette période ont fait de lui un véritable héros.

Il prit sa retraite de la Marine en 1981 avec de nombreuses décorations. Il s'est présenté comme candidat à la Chambre des représentants en 1982. Il a rempli deux mandats à titre de membre du Congrès et puis a été élu sénateur de l'Arizona en 1986. En 2000, il a participé à la course à l'investiture républicaine contre George W. Bush et après une victoire encourageante au New Hampshire, il a subi des défaites aux mains de M. Bush dans de grands États, dont la Caroline du Sud et le Michigan, pour par la suite abandonner la course. Sa victoire à l'investiture de 2008 témoigne de son caractère et de sa persévérance.

Son caractère combatif et sa nature indépendante se sont manifestés à diverses étapes de sa vie. Il n'a pas été un étudiant émérite, mais était plutôt enclin à défier l'autorité ou à échanger des coups de poing si le besoin s'en faisait sentir. En tant que membre de l'Aéronavale, il a participé à de nombreuses missions (23 au Nord-Vietnam avant sa capture). Sa capture par les Nord-Vietnamiens a révélé un homme de défi et honorable. Son sens du devoir et de l'honneur grandement façonné tant par son père que par son grand-père semble avoir été le fruit de son caractère. Après avoir subi de graves tortures, il a signé une fausse confession qu'il regrette encore aujourd'hui. Il faut noter que John McCain est incapable de lever les bras au-dessus de sa tête en raison de la gravité des blessures et des tortures qu'il a subies.

À titre de législateur, McCain s'est constitué un dossier étincelant et il a été particulièrement actif dans la bataille pour la réforme du financement des campagnes électorales (*McCain Financial Act 2002*), l'élimination de l'influence électorale des gros bonnets (en donnant l'exemple), les déficits budgétaires, la lutte au réchauffement climatique, les réductions d'impôts, la réforme de l'immigration (avec le sénateur Ted Kennedy). Récemment, il a été le principal partisan de l'augmentation des troupes en Irak. Il est juste de dire qu'on voit en lui un législateur efficace et pragmatique, qui n'hésite jamais à travailler à une solution bipartite et qui rompra les rangs de son propre parti sans hésitation.

Le seul point négatif de sa carrière législative demeure son implication dans le scandale *Keating Five* (avec quatre sénateurs) lors duquel il a été accusé de collusion avec Charles Keating de la *Lincoln Savings and Loans Association* dans le but d'influencer les autorités de réglementation. Après enquête, personne n'a été accusé d'un quelconque crime, mais selon le Comité d'éthique du Sénat, le sénateur McCain aurait fait preuve d'un piètre jugement. Typique de sa personnalité, McCain a admis son erreur et s'est lancé dans une longue croisade afin de mieux restreindre le financement des campagnes.

Outre sa carrière législative, McCain est l'auteur de nombreux livres. Certains sont biographiques et d'autres sont autant de leçons sur le caractère et le courage. Au fil des ans, il est indéniable que McCain est demeuré le républicain le plus populaire auprès des électeurs indépendants.

Ses principales positions

John McCain est un conservateur dans le sens traditionnel du républicanisme. Il est partisan de la réduction des impôts, d'une sécurité nationale renforcée et du libre-échange. Il adhère aux valeurs conservatrices fondamentales, il est pro-vie, mais, au grand dam des conservateurs sociaux, il évite de faire du conservatisme social un point central de son programme politique. Il est cependant déterminé à nommer aux tribunaux des juges conservateurs partisans de l'interprétation large et généreuse de la Constitution. Sur le plan de l'environnement toute-fois, McCain est plus près de son rival Obama et s'écarte du président Bush parce qu'il croit que le réchauffement climatique constitue une menace sérieuse pour la planète et qu'il aurait appuyé le Protocole de Kyoto.

McCain a accordé tout son appui à la guerre au terrorisme et à la guerre en Irak dès le début. Il était convaincu que le départ de Saddam Hussein était essentiel pour la sécurité nationale de l'Amérique. Malgré ses convictions, il n'était pas d'accord avec la manière dont le secrétaire à la Défense Donald Rumsfeld a mené la guerre et il a demandé son départ. Il s'est par la suite fait le défenseur d'une augmentation des troupes en Irak et a convaincu l'administration Bush de ses avantages. Cette augmentation, dont il s'est fait le promoteur au grand risque de compromettre sa candidature, a contribué à réduire la violence sur le terrain et à solidifier la position des forces militaires américaines.

Sur la question des réductions d'impôts, alors qu'il s'opposait aux réductions d'impôts de Bush en alléguant qu'elles favorisaient les riches et non la classe moyenne, McCain a renversé sa position originale. Sa nouvelle position est peut-être plus conforme à la pensée conservatrice traditionnelle. Toutefois, ce changement de cap a été constamment exploité par les démocrates pour souligner que la politique de McCain n'est qu'un simple prolongement des politiques économiques de Bush.

Pour obtenir de plus amples renseignements sur ses positions politiques, rendez-vous au www.johnmc cain.com.

Ses particularités positives

Sa réputation de héros de guerre, sa conduite d'homme de caractère tout au long de sa vie publique et son expérience globale constituent ses meilleurs atouts politiques. Les électeurs indépendants aiment son caractère combatif, son ton non confrontant et sa volonté constante d'en venir à des solutions bipartisanes. Même les démocrates reconnaissent généralement les qualités de McCain et bien qu'il soit partisan sans l'ombre d'un doute, il est considéré davantage comme un unificateur que tout autre républicain.

Sa relation avec le président George W. Bush mérite une attention particulière. Alors que les photos qui circulent actuellement semblent témoigner d'une plus grande harmonie entre les deux hommes, ce ne fut pas toujours le cas. La course à l'investiture républicaine de 2000 a été source de discorde et un sentiment d'amertume est demeuré présent pendant des années. McCain est devenu un sympathisant hésitant et on a même dit qu'il pourrait se joindre aux démocrates. Il n'y a aucune preuve réelle de cela, mais ses sentiments à l'endroit de Bush ont été, au mieux, cordiaux tout au long de sa présidence.

Cela peut expliquer pourquoi l'appui envers John McCain est plus enthousiaste à l'extérieur de la base républicaine et pourquoi il est plus difficile de lui accoler l'étiquette de Bush 3.

Ses particularités négatives

Tout comme le fait qu'il soit Afro-Américain est souvent un facteur immuable qui définit Obama, on peut en dire autant de l'âge de John McCain. Élu président, John McCain serait âgé de 72 ans lorsqu'il entrerait en fonction, en janvier 2009. Il serait le président le plus âgé de l'histoire à son entrée en fonction. De plus, il a eu de graves problèmes de santé, dont quatre diagnostics de mélanomes malins, ce qui n'est pas peu dire. Son énergie peut compenser ces inquiétudes dans une certaine mesure, mais les Américains élisent les présidents avec une prédisposition à les réélire. Si John McCain était réélu, il aurait 80 ans à la fin de deux mandats.

Le point le plus négatif cependant pour McCain est que la présidence de Bush est très impopulaire. McCain ne peut pas y échapper complètement. Les républicains ont perdu la majorité des deux chambres du Congrès en 2006. Il est clair que l'état de l'économie et l'effort de guerre ont épuisé le peuple américain. Le *statu quo* est défavorable et McCain peut sembler être un républicain différent, mais il appuie une grande partie du programme de

Bush. Si Obama représente une sorte de changement transformationnel, le genre de changement
promis par McCain est moins évident. Il est perçu
comme un défenseur de la politique de Bush en
matière de sécurité nationale et de relations étrangères et sa volte-face sur les réductions d'impôts
de Bush le ramène davantage dans la lignée du
statu quo.

Les démocrates semblent ouvrir la voie sur les plans
de l'économie et de la réforme des services de santé,
des sujets qui se retrouveront sûrement au cœur de la
campagne. C'est là que McCain et les républicains
présentent des faiblesses que leurs rivaux démocrates
ne manqueront sûrement pas d'exploiter.

CHAPITRE 5

PERSPECTIVES POUR 2008

Et le 44ᵉ président sera… pas trop vite!!! Avant de compléter cette phrase, il y a une campagne à vivre qui comporte trois débats présidentiels, un débat entre les candidats à la vice-présidence, de nombreux ralliements, des millions de dollars pour la publicité, une panoplie de sondages nationaux et par État. À la fin, le jour J, ou le 4 novembre 2008, les Américains auront un nouveau président. Peu importe le choix du candidat, les programmes politiques ou les enjeux, le gagnant va représenter un changement d'administration. Même si McCain répète l'exploit de George H. W. Bush de remporter un troisième mandat d'affilée pour les républicains, les dirigeants vont changer non seulement à la Maison-Blanche, mais aussi dans le Cabinet, au sein du personnel politique et à la direction de la fonction publique. Le seul élément qui différencie une victoire de McCain de celle d'Obama sera sur le plan des politiques et de l'idéologie.

S'il y a une prédiction que nous pouvons faire sans nous tromper, c'est la suivante : le changement est inévitable.

La question demeure toutefois : « Quelle sera la profondeur du changement? »

Quelle forme prendra ce changement qu'Obama et McCain promettent? Sera-t-il un changement qui va transformer radicalement la direction du pays et qui marquera un nouveau départ (le changement transformationnel)? Ou sera-t-il un changement qui se fera dans la continuité (le changement de transition)? Ou sera-t-il un changement axé sur le processus et les programmes politiques, plus réformateur (le changement transactionnel)?

Une victoire d'Obama signifiera un changement de génération, axé sur une approche qui va remettre en question le *statu quo*. On peut prévoir qu'Obama cherchera à transformer les méthodes antérieures pour faire de la politique et qu'il fera appel à un engagement des citoyens à définir la nature et la portée de ce changement. Le fameux « Ne demandez pas ce que votre pays peut faire pour vous, mais demandez ce que vous pouvez faire pour votre pays » de John F. Kennedy a représenté un cri du cœur d'une nouvelle génération. C'est le positionnement d'Obama, un changement de « transformation ». C'est un changement qui utilise la force des paroles, qui interpelle les citoyens et qui fait rêver. Ce fut dans cet esprit que le sénateur Edward M. Kennedy a annoncé son appui à Barack Obama en janvier dernier.

John McCain, élu président, sera un mélange d'un changement de transition et de transaction. Il faut prévoir que McCain s'inscrira dans la continuité des politiques de Ronald Reagan et de George W. Bush sur le plan idéologique. Ceux qui ont suivi sa carrière politique ne furent pas surpris de l'entendre proclamer lors de son discours à la convention républicaine que « le changement s'en vient à Washington ». C'est son côté rebelle, anti-*establishment* républicain. Toutefois, son style de leadership va accorder une plus grande place au conservatisme plus traditionnel, moins dogmatique et plus pragmatique. Ce pragmatisme se reflétera aussi dans sa façon de gouverner. Il est à prévoir qu'un président McCain sera moins partisan et plus imprévisible que son prédécesseur Bush fils, et qu'il agira dans un esprit de bipartisme. Ce fut d'ailleurs sa marque de commerce comme sénateur.

Depuis leurs victoires respectives lors des primaires, on constate que chacun des candidats essaie de définir son adversaire. Obama dit de McCain qu'il veut exercer un troisième mandat à la George W. Bush. Il le décrit comme l'antithèse du changement. McCain, lui, met en doute le changement préconisé par Obama et décrit sa promesse de changement comme un risque coûteux pour l'Amérique. De plus, il met en doute les capacités d'Obama à gouverner et à livrer ce changement. On y reviendra.

Pour mieux comprendre le déroulement de cette campagne, on doit faire un retour sur l'administration Bush pour présenter son contexte politique. Par la suite, il sera utile d'évaluer les candidats à la vice-présidence, de définir les enjeux qui vont déterminer le débat politique, de déterminer les stratégies des prétendants et d'identifier les États qui pourraient déterminer le gagnant.

LE CONTEXTE POLITIQUE :
L'IMPOPULARITÉ DE GEORGE W. BUSH

Nous l'avons dit : l'administration sortante de George W. Bush est la plus impopulaire dans l'histoire récente des États-Unis. Cette réalité colore le débat politique et a largement influencé le choix des candidats présidentiels. Imaginons pour un instant, un George W. Bush populaire avec des réussites largement reconnues par la population et un haut taux de satisfaction envers son gouvernement. Pensez-vous que John McCain, qui n'a jamais eu une grande amitié pour Bush et qui crée un malaise auprès de la base républicaine, particulièrement parmi les conservateurs sociaux, aurait été choisi comme le candidat républicain? Non, et bien au contraire, plusieurs républicains se sont ralliés à McCain et son côté rebelle justement en raison de ses nombreux différends avec l'impopulaire Bush. Est-ce que Barack Obama, après seulement quatre ans au Sénat, aurait pu mobiliser autant de jeunes à sa cause si Bush fils avait terminé son mandat avec un appui majoritaire à la guerre en Irak?

En 2004, le candidat démocrate John Kerry faisait face à une administration qui avait un taux de satisfaction qui oscillait autour des 50 %. L'économie était fragile, mais elle montrait des signes de progrès. La psychose du 11 septembre 2001 planait toujours sur l'Amérique et la guerre en Irak avait l'approbation de la majorité de la population. En 2008, c'est tout le contraire, la dynamique politique est totalement à l'inverse.

Au début du second mandat de George W. Bush, en 2005, l'ouragan Katrina a frappé de plein fouet la Nouvelle-Orléans, forçant l'évacuation de plusieurs milliers de citoyens. Cette tragédie a démontré le manque de préparatifs du gouvernement pour faire face à une telle catastrophe. Le président Bush n'a pas interrompu ses vacances estivales et une photo montrant le président à bord d'*Air Force One* au-dessus de la Nouvelle-Orléans a évoqué une image d'indifférence et d'insensibilité. Les événements entourant cette tragédie ont duré plusieurs mois et, à ce jour, encore beaucoup de familles restent déplacées et dans le besoin. L'Amérique a réagi fort négativement à Bush et à son équipe du FEMA (*Federal Emergency Management Agency*). Cette réaction s'est reflétée par une baisse significative dans les sondages et Bush n'a jamais récupéré. Dès l'an un de son deuxième mandat, Bush est devenu ce que les Américains appellent un canard boiteux – un *lame duck*. Cela arrive normalement dans la deuxième moitié du deuxième mandat en raison de la limite de deux mandats pour un président.

Depuis, la situation s'est aussi détériorée dans d'autres domaines. La guerre en Irak s'est transformée en quasi-guerre civile et le nombre de pertes de vies a augmenté substantiellement (moins de 1 000 en 2004, mais plus de 4 000 en 2008). Ce théâtre de guerre a vite perdu l'appui de la majorité des Américains dans ce deuxième mandat. Même si les pertes de vies en Irak se sont réduites substantiellement depuis le début de 2008, cette guerre reste impopulaire alors que les hostilités augmentent en Afghanistan.

S'ajoute à cela une économie à deux doigts d'une récession. Durant la saison des primaires, la crise des hypothèques mobilières, les *subprimes*, a fait surface. Subitement, des milliers de familles en défaut de paiement ont perdu leur maison et plusieurs autres sont sur la même voie. Cela a forcé des interventions du gouvernement pour aider certaines institutions financières.

Le prix du baril de pétrole sur les marchés internationaux a augmenté de 42 \$US en 2004 à 165 \$US pour redescendre sous les 100 \$ en 2008. Les conséquences pour les consommateurs se sont fait sentir à la pompe (hausse de 17 % en quelques mois) et déjà l'inflation grimpe (au-delà de 4 % à la fin de l'été 2008). Cette flambée des prix a illustré de façon concrète la dépendance énergétique des Américains envers le pétrole étranger. En 1970, les Américains importaient 24 % de leur pétrole. Aujourd'hui, c'est de l'ordre de 70 % et ce pétrole est importé de certains pays qui vivent une instabilité politique et parfois même une hostilité envers l'Amérique (le Proche-Orient et le Venezuela). Le taux de chômage augmente (100 000 emplois se perdent en moyenne par mois depuis quelques mois), il y a une baisse dans les achats de maisons et d'automobiles et l'indice de confiance des consommateurs n'a jamais été si bas. De plus, le déficit budgétaire annuel du gouvernement fédéral tourne autour de 500 milliards de dollars et la dette accumulée est de 9 billions de dollars, presque le double depuis le départ du président Clinton en 2000.

Sans doute, ce contexte favorise un candidat nouveau comme Barack Obama chez les démocrates et un candidat avec l'esprit indépendant comme McCain chez les républicains. En 2006, les républicains ont perdu aux mains des démocrates le contrôle du Congrès, et ils ont perdu deux élections spéciales en 2008 dans des circonscriptions qui leur sont traditionnellement acquises. En fin de compte, une guerre impopulaire, une économie presque en récession, un gouvernement sortant fort impopulaire et un Congrès hostile au président républicain sortant résument le contexte politique dans lequel le peuple américain va choisir son prochain président.

L'APPORT DES COLISTIERS

Lorsqu'on étudie le bilan des différents présidents au fil de l'histoire, on s'arrête normalement à leurs réalisations. Le *New Deal* de Franklin D. Roosevelt s'articule autour des nombreux programmes sociaux qui ont mis en place le tissu social de l'Amérique. Le *New Frontier* de John F. Kennedy aura comme principale réussite la gestion de la crise des missiles de Cuba et le programme spatial. Ronald Reagan fut associé à la fin de la Guerre froide. Le règne de Bill Clinton est considéré comme un des plus prospères de l'histoire des États-Unis. Bref, l'accent est mis sur les événements, les politiques des présidents et, également, leurs réussites. Toutefois, dans une campagne électorale avec deux prétendants, les promesses politiques ainsi que les programmes politiques ne sont pas suffisants. Obama et McCain en sont à leurs premières armes comme candidats à la présidence.

La question des valeurs et le caractère des prétendants prennent donc une importance centrale dans cette élection. En 2004, par exemple, l'électorat américain préférait les politiques de John Kerry, mais n'aimait pas sa personnalité. Et d'autres ajouteraient aussi celle de son épouse, Teresa Heinz. Les politologues appellent cela le *beer factor* (le politicien avec qui on aimerait prendre une bière!). Contrairement à Kerry, George W. Bush, lui, passait le test haut la main.

Au fil des ans, les Américains ont préféré la personnalité de Kennedy à celle de Nixon, celle de Reagan à celle de Carter et celle de Clinton à celle de Bush père. Donc, on ne peut analyser ou apprécier cette campagne en 2008 sans connaître plus à fond les candidats, leurs familles et leurs valeurs.

C'est dans ce cadre que le choix de leur colistier, la première décision de nature présidentielle d'un candidat, doit être compris. Bien sûr, l'histoire prouve que l'électeur vote surtout pour le candidat à la présidence, et que le candidat à la vice-présidence est rarement un facteur clé. La seule exception véritable est l'élection de 1960, quand John F. Kennedy a choisi Lyndon B. Johnson qui compensait son manque d'expérience et a réussi à livrer son État (le Texas) à l'élection générale.

Cette année, on peut s'attendre à une attention particulière au colistier. Même si nous doutons de leur impact sur le résultat de l'élection, ils apporteront leur contribution au portrait que nous dressons du candidat à la présidence. Barack Obama est relativement jeune et possède une expérience fort limitée. S'il est élu, John McCain deviendra le plus vieux président élu et il avoue avoir des lacunes quant à ses connaissances en économie. Déjà, durant cette campagne, on a un aperçu du jugement et de la méthode de travail de chacun des candidats à la présidence.

Le rôle du vice-président a gagné en importance ces dernières années comme nous l'avons décrit au chapitre 2. Le choix d'un vice-président est dicté par plusieurs facteurs tels la compétence, le poids électoral et l'équilibre qu'il apporte au « ticket ». Il s'agit de la première et une des plus importantes décisions d'un candidat à la présidence. Barack Obama a choisi le sénateur du Delaware, Joe Biden, et John McCain a choisi la gouverneure de l'Alaska, Sarah Palin.

Voyons ce que Joe Biden et Sarah Palin apportent à la campagne de leur candidat respectif à la présidence.

Le sénateur Joe Biden

Né le 20 novembre 1942, Joe Biden a été élu sénateur démocrate pour la première fois en novembre 1972 dans l'État du Delaware. À 29 ans, et cet exploit demeure à ce jour, il était le plus jeune sénateur de l'histoire des États-Unis. Au moment de son assermentation en décembre de la même année, il avait toutefois atteint les 30 ans requis par la Constitution américaine pour siéger au Sénat. Au cours des 35 dernières années, Joe Biden a développé une solide expertise sur le plan des affaires étrangères. Il siège d'ailleurs actuellement à titre de président du Comité des Affaires étrangères du Sénat. Son expérience dans le domaine est reconnue par l'ensemble de ses collègues sénateurs. Biden s'est aussi démarqué sur le plan national, en matière sociale et économique, et fut président du Comité juridique du Sénat de 1987 à 1994. Sous sa présidence, plusieurs projets de loi et résolutions ont vu le jour, notamment pour contrer la violence envers les femmes et les enfants, pour lutter contre la drogue et les changements climatiques, pour offrir un meilleur soutien aux vétérans de guerre et pour élargir l'accès à l'éducation supérieure. Joe Biden est aujourd'hui un des sénateurs les plus influents et les plus respectés des États-Unis. Et il n'en est pas à ses premières présidentielles, s'étant porté candidat à l'investiture de son parti à deux reprises, en 1987 et en 2008. En 1988, il a même dû se retirer de la course en raison d'une controverse touchant l'un de ses discours qu'il avait plagié d'un politicien britannique. En 2008, sa candidature n'a tout simplement pas récolté l'appui nécessaire des militants démocrates pour poursuivre le processus des primaires au-delà du mois de janvier. Malgré tout, il reste un des sénateurs les plus aimés de la base démocrate.

Sur le plan personnel, Joe Biden a vécu plusieurs épreuves. Peu de temps avant son assermentation à titre de sénateur en 1972, son épouse et sa fille ont perdu la vie dans un accident de voiture. Ses deux fils ont survécu, malgré des blessures graves. En 1988, à 46 ans, il a aussi subi deux anévrismes au cerveau qui n'ont laissé aucune séquelle.

Pourquoi choisir Biden?

Le choix de Joe Biden a surpris, mais il n'a pas étonné les militants du parti. Bien sûr, les démocrates « pro-Clinton » auraient préféré Hillary. D'autres croyaient plutôt aux chances de Tim Kaine, gouverneur de l'État clé de la Virginie, ou encore d'Evan Bayh, sénateur d'un autre État crucial, l'Indiana. Sans compter que Biden fut très critique à l'endroit de Barack Obama lors des débats qui ont précédé les primaires.

Le choix de Biden s'est sans doute imposé à Obama en raison de sa vaste expérience des affaires étrangères, une lacune importante chez le jeune sénateur de l'Illinois. Biden est aussi très populaire auprès des démocrates de la classe ouvrière qui ont tendance à bouder Obama. Biden demeure très aimé dans son État natal de la Pennsylvanie qui, selon plusieurs sondages, n'est pas acquis aux démocrates.

Bref, Joe Biden représente un choix à la vice-présidence sûr. Il est respecté, expérimenté et permet de minimiser les déficiences plus ou moins réelles de Barack Obama.

Assez pour faire rêver au tandem Kennedy-Johnson de 1960!

La gouverneure Sarah Palin

Née le 11 février 1964 à Sandpoint en Idaho, Sarah Palin est gouverneure de l'État de l'Alaska depuis le 4 décembre 2006. Avant d'accéder à ce poste, elle fut conseillère municipale (1992-1996) de la ville de Wasilla en Alaska (près de 7 000 habitants), puis mairesse de cette ville de 1996 à 2002. Elle fut aussi commissaire à l'éthique de l'*Alaska Oil & Gas Conservation Commission* de 2003 à 2004. Elle a démissionné de ce poste avec fracas alléguant le manque d'éthique de certains républicains (son parti) qui siégeaient à la commission.

Depuis, Sarah Palin a fait de la contestation de l'*establishment* républicain de son État sa marque de commerce. Pour accéder au poste de gouverneure, elle a d'ailleurs fait la lutte au républicain sortant, Frank Murkowski, en pleine primaire républicaine. Sa victoire contre Murkowski et les dirigeants de son propre parti lui ont donné le *momentum* nécessaire pour remporter, lors de l'élection générale, une victoire éclatante contre l'ancien gouverneur démocrate, Tony Knowles. Au moment de sa nomination par John McCain en août 2008, elle jouissait d'un taux de satisfaction d'au-delà de 80 % dans son État.

Populaire, rebelle à la McCain, jeune et dynamique, première femme gouverneure de l'Alaska, Palin représente une nouvelle génération de républicains.

Mère de cinq enfants, elle est aussi un ardent défenseur du 2e amendement de la Constitution américaine permettant le port d'arme à feu, sans compter sa décision de mener à terme sa grossesse d'un enfant diagnostiqué trisomique, ce qui l'a propulsée au rang de véritable porte-étendard du mouvement pro-vie. Bref, tout pour plaire à l'orthodoxie républicaine et à la droite religieuse! À preuve, en moins de 24 heures après l'annonce de sa nomination au mois d'août, le Parti républicain a recueilli plus de 7 millions de dollars en contributions électorales.

En tant que gouverneure de l'Alaska, Palin a mis l'accent sur l'éducation, les politiques énergétiques, la lutte contre les changements climatiques et l'éthique dans la gouvernance. En matière de gestion des finances publiques, elle n'a pas hésité à faire les coupures nécessaires pour dégager un surplus de son tout premier budget. Sarah Palin s'oppose aussi aux unions entre conjoints de même sexe. Elle a d'ailleurs donné son appui à une démarche menant à un amendement constitutionnel afin d'empêcher ces unions homosexuelles. Elle fait cependant preuve d'une plus grande flexibilité quant aux bénéfices accordés aux couples gais. Jeune femme télégénique, représentant potentiellement la nouvelle garde du Parti républicain, la nomination de Palin à titre de vice-présidente marque l'histoire américaine autant que celle d'Obama. Lors de sa présentation à titre de candidate à la vice-présidence, elle a d'ailleurs rendu hommage à la démocrate Géraldine Ferraro qui, en 1984, fut la première candidate à ce poste. Elle a aussi marqué sa reconnaissance à l'égard d'Hillary Clinton, première femme candidate à la présidence à se rendre aussi loin dans le processus électoral. La seule véritable ombre au tableau est une enquête menée par la législature de l'Alaska au sujet de son rôle dans le congédiement d'un employé. Il faut ajouter que dès l'annonce de sa nomination, plusieurs reportages ont semé le doute sur la portée réelle de sa candidature. Toutefois, son discours d'acceptation lors de la convention républicaine au début de septembre fut bien reçu par la base républicaine.

Pourquoi choisir Palin?

Autant le choix de Biden par Obama apparaît des plus traditionnels en raison de son expérience en matière étrangère, autant le choix de Sarah Palin par McCain est fort surprenant. Jusqu'au jour même de son annonce, les spécialistes croyaient aux chances d'un candidat plus « classique » comme l'ancien gouverneur Mitt Romney ou à celles du gouverneur actuel du Minnesota, Tim Pawlenty. Mais non! McCain est resté fidèle à son style de gestion : impulsif, susceptible de brasser la cage et enclin à définir ses propres conventions politiques.

McCain a donc opté pour une candidate jeune et inexpérimentée, mais plus susceptible de stimuler et de galvaniser la base militante républicaine en vue du grand rendez-vous électoral. Et aussi, autre facteur non négligeable : l'hésitation de l'électorat du côté démocrate « pro-Hillary » à se rallier à Obama. Espérant gruger dans le vote de l'électorat féminin, McCain a donc choisi une femme. Reste que le choix comporte des risques. D'abord, le curriculum vitæ de la gouverneure de l'Alaska est mince, ses méthodes de gestion fortes et directes sont controversées et son inexpérience en matière d'affaires étrangères enlève à McCain un argument massue contre Obama, lui qui à l'inverse a eu la sagesse de s'allier un candidat d'expérience en la matière. Aussi, plusieurs s'interrogent sur le jugement dont a fait preuve McCain en choisissant une colistière aussi jeune et inexpérimentée en matière internationale lui qui, à 72 ans, doit composer avec une santé fragilisée par quatre luttes contre le cancer de la peau. Cela étant dit, le choix de Palin a suscité beaucoup de questionnements à savoir si McCain a fait une recherche suffisante pour justifier sa sélection. Certains observateurs ont comparé ce choix à celui de George McGovern en 1972 lorsque son colistier, le sénateur Thomas Eagleton du Missouri, a dû se désister à la suite de révélations concernant son état de santé. D'autres ont comparé le choix de Palin à celui de Dan Quayle, le colistier de Bush père, qui fut considéré comme un candidat à la vice-présidence médiocre. Toutefois, cela n'a pas empêché la victoire du « ticket » Bush-Quayle en 1988.

LES ENJEUX DE LA CAMPAGNE

Depuis la victoire des démocrates aux élections de mi-mandat où ces derniers ont repris le contrôle du Congrès, le mot « changement » domine le débat politique. Selon la plupart des sondages, une moyenne d'au-delà de 80 % des Américains est en désaccord avec la direction qu'a prise l'Amérique sous l'administration Bush. La guerre en Irak, l'économie et la gestion du gouvernement sont les plus remises en question. Les électeurs veulent du changement. Barack Obama et Hillary Clinton en ont fait le thème central de leur campagne lors de la saison des primaires démocrates.

Les deux candidats démocrates offraient peu de divergences sur le plan politique et même si leur approche du changement pouvait parfois être différente, nul doute que le Parti démocrate s'est imposé comme celui du changement. Le haut taux de participation des électeurs aux primaires démocrates ainsi que le financement record obtenu par les principaux candidats démontrent bien cette volonté de l'électorat. En juin 2008, personne ne doutait que Barack Obama serait le porte-étendard de ce mouvement.

John McCain a saisi le message et choisi d'axer sa campagne sur deux critères pour renverser cette tendance : semer le doute sur son adversaire, Obama, et présenter sa propre version du changement, ce qui explique en partie le choix de Sarah Palin. McCain met beaucoup l'accent sur son tempérament de rebelle et sur son courage pour affronter l'*establishment* de son propre parti, tout comme l'a fait Mme Palin en Alaska.

Historiquement, les enjeux d'une campagne nationale se concentrent autour des questions de politique intérieure. L'économie est habituellement le thème central. En 1992, Bill Clinton en avait fait son principal enjeu électoral et avait martelé son message : « *It's the economy, stupid!* » L'économie avait donc primé sur les questions internationales. Fort habile de sa part puisque son adversaire, George Bush père avait remporté de beaux succès en matière étrangère (la chute du mur de Berlin et la première guerre du Golfe s'étant produites sous son règne). Tout comme la victoire de Clinton en 1992, celles de Franklin Delano Roosevelt en 1932 et de Ronald Reagan en 1980 peuvent être attribuées en bonne partie aux questions économiques. Mais, tout comme en 2004, il serait réducteur de penser que cette élection 2008 se décidera uniquement autour de l'économie ou des questions d'ordre national. Les États-Unis d'Amérique sont impliqués dans deux conflits, en Irak et en Afghanistan, et la lutte contre le terrorisme reste au premier plan. C'est d'ailleurs pour cette raison que le candidat McCain livre une lutte aussi corsée au candidat prétendument du changement, qu'est Barack Obama.

Une fois les conventions des deux partis terminées, l'attention se tourne non seulement sur les personnalités en présence, mais aussi sur certains enjeux qui permettront aux électeurs de se faire une meilleure idée sur lequel des « tickets » représente le meilleur choix pour l'avenir. Voici donc un tour de piste des principaux enjeux susceptibles d'influencer le choix des électeurs.

L'économie

Sans encore oser parler de récession, la plupart des spécialistes s'entendent pour dire que l'économie américaine est dans un état très précaire. Les problèmes reliés aux *subprimes* hypothécaires, qui ont fait perdre leur maison à des milliers de familles, le prix de l'essence, les sauvetages *in extremis* de banques d'affaires et d'institutions financières renommées et les emplois rendent les Américains inquiets et pessimistes. Le déficit, la dette publique et l'augmentation du chômage ajoutent au désir de changement. Tous les sondages démontrent aussi que l'économie sera le principal enjeu le 4 novembre prochain.

Lorsqu'on examine les programmes économiques des deux candidats à la présidence, on peut y tirer une ligne de démarcation idéologique. Barack Obama croit aux forces du marché, mais préconise un rôle plus interventionniste du gouvernement. Obama est inquiet des ententes de libre-échange qui exportent des emplois en plus des biens et favorisent la délocalisation. Pendant la saison des primaires, il a d'ailleurs remis en question l'ALENA, l'accord de libre-échange entre les États-Unis, le Canada et le Mexique, tout comme son adversaire de l'époque, Hillary Clinton. L'appui désormais acquis du monde syndical au Parti démocrate peut aussi expliquer un certain réflexe protectionniste de la part d'Obama. Sur le plan fiscal, Obama veut réduire le fardeau de la classe moyenne et éliminer les baisses d'impôts décrétées par George W. Bush en 2001 et qui favorisent, selon lui, les plus riches. Dans une administration Obama, le revenu des contribuables gagnant plus de 250 000 $ annuellement serait davantage imposé, alors que les contribuables gagnant moins de 150 000 $ annuellement bénéficieraient de baisses d'impôts. Finalement, Obama et Biden se sont engagés à réduire sur une période de dix ans la dépendance énergétique des États-Unis, ce qui créerait, selon eux, cinq millions de nouveaux emplois.

De son côté, John McCain favorise sensiblement les mêmes politiques économiques que celles de l'administration de George W. Bush. Il appuie inconditionnellement les réductions d'impôts de ce dernier pour les plus nantis et veut réduire les dépenses gouvernementales pour faire fondre le déficit budgétaire record. McCain appuie aussi sans réserve les traités de libre-échange et propose de réduire les impôts des entreprises, particulièrement dans le domaine pétrolier. Finalement, il a placé au cœur de sa campagne la reprise du forage pétrolier en haute mer et le développement du nucléaire afin de diminuer la dépendance énergétique des États-Unis au pétrole du Moyen-Orient et du Venezuela.

Tant Obama que McCain proposent des investissements massifs pour réduire les risques d'une récession. En fait, leurs divergences se situent surtout sur le plan des mesures pour créer de l'emploi, garder ceux déjà existants et de leurs politiques en matière de fiscalité, particulièrement au chapitre des impôts des particuliers et des entreprises.

L'électorat fait davantage confiance au tandem Obama-Biden pour faire face aux problèmes économiques. Le tandem McCain-Palin a beau parler de changement, la cote des républicains à ce chapitre demeure peu élevée.

Avantage : fortement en faveur d'Obama-Biden

La sécurité nationale

Autant les républicains souffrent d'un problème d'image en matière économique, autant la situation est fort différente en ce qui concerne la sécurité nationale. Malgré les succès historiques des démocrates Franklin D. Roosevelt, Harry Truman et John F. Kennedy, les républicains ont toujours présenté un discours plus étoffé en cette matière. Le succès de Reagan puis celui de Bush père ont contribué à renforcer cette perception. L'actuelle administration Bush a toujours tenu un discours agressif et n'hésite jamais à brandir le spectre de la menace terroriste pour justifier ses actions. Alors que les démocrates semblent plus axés sur une diplomatie multilatérale, les républicains donnent clairement l'impression que les intérêts du pays sont prioritaires et n'hésiteraient pas à agir de manière unilatérale. En 2004, trois ans après les attentats du 11 septembre, la question de la sécurité nationale a dominé la campagne électorale. La vidéo de Oussama Ben Laden diffusée la veille de l'élection présidentielle a largement contribué à donner un deuxième mandat à George W. Bush. Le fait qu'aucun attentat n'ait eu lieu en sol américain depuis le 11 septembre 2001 renforce aussi la perception déjà favorable aux républicains en matière de sécurité nationale. Le discours de McCain en la matière s'inscrit donc dans la même tradition que celle de Reagan et des deux Bush.

En revanche, le choix de Biden vient atténuer la perception plutôt négative envers les démocrates en matière de sécurité nationale. Son expérience des affaires étrangères et ses connaissances dans les grands dossiers de l'heure contribuent à réduire l'écart qui favorise McCain par rapport à Obama, mais sans toutefois l'éliminer complètement!

Avantage : légèrement en faveur de McCain-Palin, mais l'inexpérience de Palin et l'expérience de Biden ont sensiblement diminué l'écart entre McCain et Obama.

L'indépendance énergétique

En raison de la hausse fulgurante des prix de l'essence depuis l'été 2007, la question de l'énergie et la dépendance au pétrole étranger ont fait de l'investissement en énergie un enjeu important de la présente campagne. Les deux candidats ont fait volte-face sur la question du forage pétrolier en haute mer. Opposé au départ, Obama y est maintenant favorable pourvu qu'il fasse partie d'un plan global donnant priorité à des investissements en recherche et en développement (150 milliards de dollars), le développement de sources d'énergie alternatives et renouvelables et le développement des technologies pour diminuer davantage l'usage du pétrole. Obama s'est aussi opposé au congé de taxes sur l'essence et souhaite mieux encadrer l'utilisation du nucléaire. Outré par les profits records des pétrolières, Obama veut enfin augmenter les taxes de ces dernières.

Tout comme Obama, le sénateur McCain s'opposait au forage pétrolier en haute mer. Mais depuis le printemps 2008, le républicain McCain a pris position sans réserve pour le forage pétrolier en haute mer ainsi que pour une utilisation accrue du nucléaire. Une position largement appuyée par l'électorat. Il promet également d'investir davantage dans des sources d'énergie alternative et renouvelable ainsi que dans la technologie visant un meilleur

rendement des voitures pour réduire la consom-
mation d'essence. McCain est également pour un
congé fiscal accordé aux consommateurs pour
l'utilisation de l'essence, et il s'oppose à l'augmentation du fardeau fiscal des pétrolières, craignant que
cela amène une plus grande dépendance au pétrole
étranger.

*Avantage : légèrement en faveur de McCain-Palin en
raison de leur appui inconditionnel au forage pétrolier en
haute mer qui est appuyé par près de 70 % des Américains dans les sondages.*

La guerre en Irak

Depuis le déploiement par le président Bush de
25 000 effectifs militaires supplémentaires en Irak en
2007, le nombre de soldats américains morts dans ce
pays a diminué de façon marquée. John McCain
s'était montré favorable à ce redéploiement de
troupes et il prend aujourd'hui beaucoup de crédit
pour cette réussite. À l'inverse, les démocrates
s'étaient opposés à ce déploiement, et sont plutôt
favorables à un retrait ordonné des troupes en vertu
d'un échéancier. Cette guerre, devenue impopulaire
au cours du deuxième terme de Bush, a largement
influencé la dynamique au sein du Parti démocrate.
Barack Obama fut le seul candidat à l'investiture
démocrate à s'y opposer, et ce, avant même que Bush
et le Congrès l'autorisent. Cette grande différence

entre Obama et Hillary Clinton (qui, elle, avait donné son appui à cette guerre) a favorisé le sénateur de l'Illinois dès le début de la saison des primaires.

Aujourd'hui, Bush se montre ouvert à un échéancier de retrait, tout comme d'ailleurs le gouvernement de l'Irak et Barack Obama. Pendant ce temps, sur le front de l'Afghanistan, la situation s'est détériorée et les deux candidats sont favorables au déploiement additionnel de militaires.

Avantage : Obama-Biden

Les questions sociales

Tous les experts sont d'avis que les questions sociales favorisent les démocrates. Sans compter qu'à ce chapitre, le bilan des huit dernières années des républicains est assez mince. Certes, ils ont conclu une entente avec les démocrates en matière d'éducation, le *No child left behind Act*, un programme axé sur la réussite des jeunes et la qualité de l'enseignement. Mais depuis, les démocrates, et particulièrement le sénateur Ted Kennedy, ont critiqué l'absence du soutien financier nécessaire à sa réussite. Plusieurs problèmes persistent et même empirent, au plan social. En matière de santé, par exemple, plus de 45 millions de citoyens n'ont toujours pas d'assurance maladie. En 2004, ils étaient 40 millions! Les déficits prévus de la caisse de la sécurité sociale et des retraites, de même que la hausse des frais de scolarité ajoutent enfin aux préoccupations grandissantes.

Les républicains de John McCain proposent un plus grand rôle du secteur privé et misent davantage sur des avantages fiscaux pour les citoyens pour leur donner les moyens d'avoir accès aux soins de santé. Les démocrates d'Obama, eux, proposent un plan de soins de santé universel et veulent éliminer les réductions d'impôts accordées par l'administration Bush aux plus riches pour financer ce plan. Obama et Biden voient un rôle plus interventionniste de la part du gouvernement dans les questions sociales.

Avantage : Obama-Biden

Les valeurs

Au mois d'août, lors du forum sur les valeurs, animé par l'évangéliste réputé Rick Warren, Barack Obama et John McCain ont témoigné de leurs convictions religieuses et de leur attachement aux valeurs familiales. Depuis plusieurs années, ce type de débats favorise les candidats républicains. Si on se fie aux sondages, plus de 70 % des Américains qui s'identifient comme « chrétiens » – *Born Again Christian* – donnent leur appui à un candidat républicain. Cette année, la situation s'est toutefois en partie modifiée. Obama est le seul candidat démocrate depuis Jimmy Carter en 1976 à faire valoir l'importance de la religion dans sa vie. Et McCain, contrairement au président Bush, est plus discret sur sa foi religieuse. Il appuie la position de la droite religieuse sur l'avortement (pro-vie), mais il s'oppose à l'arrêt des recherches sur les cellules souches.

Cela étant dit, la définition et le débat sur les valeurs sont au cœur du clivage idéologique entre « libéraux » et « conservateurs ». Sur le plan social, la vision des deux partis s'affronte sur différentes questions : le mariage entre conjoints de même sexe, l'accès à l'avortement, la peine capitale et le port d'armes. Mais l'écart entre Obama et McCain ne semble pas aussi grand que celui entre Bush et Kerry en 2004. Toutefois, la présence de Sarah Palin, une pure et dure de l'aile des conservateurs sociaux, vient modifier ce constat.

Dans l'actuelle campagne, le débat entourant les valeurs risque de tourner autour de la composition de la Cour suprême des États-Unis. Le clivage idéologique du plus haut tribunal du pays penche actuellement en faveur des conservateurs. Mais au cours du prochain mandat présidentiel, deux juges pourraient prendre leur retraite et le futur président pourra influencer la direction idéologique de la Cour pour plusieurs années. Cela veut dire qu'une administration McCain-Palin nommera à la Cour suprême des juges qui s'inscrivent dans la même pensée conservatrice que John Roberts et Samuel Alito, deux magistrats nommés par le président Bush. Une administration Obama-Biden renverserait certainement cette tendance conservatrice des dernières années. On peut donc présumer que le fameux jugement *Roe v. Wade* en faveur de l'accès à l'avortement pourrait être mis en cause si McCain remporte la présidence.

Avantage : égalité entre McCain et Obama

Autres enjeux

Une campagne électorale comporte toujours des surprises. Au moment d'écrire ces lignes, l'environnement ne nous semble pas un enjeu principal puisque les deux candidats appuient l'Accord de Kyoto, encore moins la réforme de l'immigration parce qu'encore une fois, McCain et Obama partagent sensiblement les mêmes positions sur le sujet. Sur les questions d'éthique, Obama-Biden ainsi que McCain-Palin présentent des bilans exemplaires. Le seul différend à ce sujet pourrait surgir du rôle des lobbyistes auprès des campagnes respectives. Sur ce dernier point, Obama et Biden sont en meilleure position.

Avantage : Rien de marquant

Sur les grands enjeux, nous accordons au « ticket » Obama-Biden un avantage marqué, ce qui explique en partie l'accent mis sur la personne de John McCain de la part des stratèges républicains et l'utilisation d'une publicité plus mordante à l'endroit de Barack Obama.

LES STRATÉGIES DE LA CAMPAGNE

Toute campagne électorale est susceptible de se modifier en cours de route. Chaque parti dispose de sa propre feuille de route : les publicités, les assemblées, les discours et les débats font partie intégrante du plan de campagne de chacun des candidats. Le premier débat télévisé sera d'une importance capitale. Mais il ne faut pas sous-estimer les accidents de parcours, les erreurs ou les événements hors de contrôle comme, par exemple, l'invasion de la Géorgie en août dernier par la Russie qui peuvent faire déraper une campagne. Les chaînes d'information en continu et l'univers d'Internet ont aussi transformé la gestion d'une campagne électorale, gestion qui en dira long sur le candidat élu et possiblement la nature de son administration.

Quels sont les principaux axes de la stratégie de campagne d'Obama et de McCain ?

La campagne Obama-Biden

Le thème du changement est la carte maîtresse du tandem Obama-Biden. Le charisme d'Obama et l'expérience de Biden forment une combinaison redoutable. Pour véhiculer le message d'un réel changement, Obama constitue le meilleur porteur. Comme il l'a fait lors de son discours marquant la fin de la convention démocrate en août, il doit préciser certaines de ses politiques pour mieux définir le changement qu'il propose. Obama doit aussi continuer à inspirer, à inciter l'électeur à faire sa part pour apporter le changement si nécessaire à l'avenir du pays. Biden, de son côté, doit mobiliser les clientèles cibles dans les États clés, comme la classe ouvrière de la Pennsylvanie, de l'Ohio et du Michigan. Avec son expérience et ses compétences en matières étrangères, il doit rassurer les électeurs qui doutent des capacités d'Obama. Et même s'il est un excellent tribun, Biden doit se discipliner pour éviter des gaffes qui lui ont déjà coûté cher dans le passé.

L'autre atout dans le jeu d'Obama-Biden est leur capacité à mettre en doute le jugement de McCain. Ce dernier a appuyé l'administration Bush au Sénat en votant 90 % du temps en faveur de ses politiques. Son appui inconditionnel à la guerre en Irak et le choix de Sarah Palin, colistière sans aucune expérience en affaires étrangères, sont des exemples d'un jugement douteux à exploiter par les démocrates.

Finalement, en ces temps incertains, Obama aura tout avantage à faire valoir l'incapacité de John McCain à proposer de véritables solutions à la crise économique qui s'annonce. Son « *Senator McCain, what economy are you talking about?* » lancé en début de campagne a visé juste et a su marquer des points. Sur le plan géographique, le « ticket » Obama-Biden est bien conscient de l'importance pour les démocrates de faire basculer des États dans le camp démocrate. Des États comme la Géorgie et la Caroline du Nord sont ciblés. Les démocrates vont tout faire pour remporter la Virginie qui est fortement disputée et tous les espoirs de pouvoir leur sont permis au Colorado.

Finalement, Obama et Biden vont chercher à imposer le sens du vote le jour du scrutin : « Voulez-vous quatre autres années d'une administration républicaine? » L'objectif des démocrates est de convaincre le plus grand nombre d'électeurs indépendants et même républicains que McCain représente la continuité de Bush-Cheney en matière de politiques. S'ils réussissent, les démocrates risquent fort de gagner l'élection.

Bref, si cette élection se joue entre le passé et l'avenir. Obama et Biden représentent une équipe forte et prometteuse pour susciter un appui favorable au sens du vote le jour du scrutin. À eux de l'imposer dans l'esprit des électeurs.

La campagne McCain-Palin

Faire de cette campagne un référendum sur Barack Obama, voilà le défi du tandem McCain-Palin. Les républicains doivent semer le doute sur l'expérience d'Obama – ou plutôt ce qu'eux considèrent comme son inexpérience – et sur la direction qu'il veut donner au pays. McCain entend démontrer que l'Amérique sera moins en sécurité sous une administration Obama. Quant au bilan économique Bush, il cherche les moyens de s'en distancier.

Le choix de Palin comme colistière et la personnalité de McCain portent un message très prometteur et cherchent à démontrer que le Parti républicain sous McCain a changé et qu'il ne sera plus le parti dogmatique de George W. Bush en retrouvant ses assises réformistes du passé. Cela étant dit, McCain et Palin savent qu'ils doivent mobiliser et galvaniser les militants républicains de la base en misant sur la promotion « des valeurs américaines ». C'est prioritairement pour cette raison que Palin est le choix de McCain. Elle incarne ces valeurs traditionnelles chères à la droite conservatrice.

Des sites Internet et un bouquin intitulé *Obama Nation* exploitent soit des demi-vérités, soit carrément des faussetés au sujet d'Obama. Plusieurs sondages démontrent que jusqu'à 12 % des Américains croient, à tort, qu'Obama est musulman.

Bref, les républicains feront le nécessaire pour exploiter ce filon négatif à l'égard d'Obama.

John McCain se présente comme le *maverick* – le rebelle anti-*establishment* de parti – avec un sens de l'État, un homme de courage et de conviction. Bref, une valeur sûre à l'opposé du risque. Force est de constater que la campagne républicaine a fait des gains appréciables en août et en septembre 2008 en diffusant des publicités négatives à l'endroit d'Obama. Les républicains n'hésiteront pas à utiliser ces publicités négatives en attaquant la crédibilité d'Obama et de Biden en les décrivant comme des « libéraux qui ne veulent que dépenser l'argent des contribuables ». Déjà, la gouverneure Palin a donné le ton lors de son discours d'acceptation comme colistière lors de la convention républicaine. Son discours était percutant, corrosif à souhait et Sarah Palin n'a pas hésité à dépeindre Barack Obama comme un « libéral de gauche » qui « entend augmenter les taxes et les impôts ».

En ce qui concerne le Collège électoral et les États cibles, McCain et Palin entendent faire une lutte serrée dans les États du Michigan, de la Pennsylvanie, du Wisconsin et du Minnesota, tous dans le camp des démocrates en 2004. Le tandem républicain reste confiant de conserver tous les États remportés par George W. Bush lors de l'élection de 2004 et de faire des gains dans certains États démocrates.

Si le tandem McCain-Palin réussit à dépeindre et à définir Obama comme un choix risqué pour l'Amérique, la campagne sera gagnante. Le doute sur la capacité à gouverner d'Obama et le risque qu'il pose pour la sécurité du pays sont des thèmes que les républicains répètent et répéteront à satiété. Si, le 4 novembre prochain, une majorité d'électeurs américains sont convaincus que les républicains ont raison à ce sujet, ils conserveront la Maison-Blanche.

La race, le sexe et l'âge

La race, le sexe et l'âge, trois thèmes qui, tout en n'étant jamais mentionnés dans les discours, sont centraux. Absents dans les grands débats, en surface, ces thèmes sont imperceptiblement présents dans de nombreuses discussions, sous le boisseau, dans des conversations privées, mais aussi dans les blogues. Comment pourrait-il en être autrement? Pour la première fois un Afro-Américain peut réellement prétendre accéder à la Maison-Blanche. Jamais une femme n'a reçu autant d'appui lors des primaires d'un des principaux partis et jamais un candidat aussi âgé a prétendu à un premier mandat la Maison-Blanche.

Plusieurs observateurs sont d'avis que le facteur de la race est difficile à mesurer dans les sondages. On se rappelle l'effet « Tom Bradley » en Californie dans les années 1980 où l'avance dans les sondages du candidat noir s'était littéralement effondrée le jour du vote.

Quant au sexe, plusieurs partisans d'Hillary Clinton sont d'avis qu'elle a perdu l'investiture démocrate parce qu'elle a été victime de sexisme dans la couverture médiatique. Encore là, difficile à mesurer. Mais en 1972, Shirley Chisholm, la première femme noire (et toujours la seule à ce jour) à tenter d'accéder à la présidence des États-Unis, a attribué sa défaite à son sexe plutôt qu'à la couleur de sa peau. La présence de Sarah Palin comme colistière permettra-t-elle aux républicains de surfer sur la vague créée par Hillary Clinton?

Pour ce qui est de l'âge, s'il est élu, John McCain sera, à 72 ans, le président le plus âgé au moment d'accéder à sa fonction de l'histoire des États-Unis. Reste que Ronald Reagan avait 70 ans au moment d'entrer à la Maison-Blanche et 78 ans à la fin de son deuxième mandat. À notre avis, l'âge est le moins important des trois facteurs, toutefois la présence de Sarah Palin, qui a une faible connaissance des grands enjeux de la présidence ramène à l'avant-scène l'âge de McCain.

Les candidats des tiers partis

Bob Barr du Parti libertaire et Ralph Nader du Parti vert sont aussi candidats à la présidence. Leur nom pourrait figurer sur les bulletins de vote dans tous les États. « L'effet Barr » est à surveiller surtout dans les États de la Géorgie et en Caroline du Nord. Il peut gruger dans le vote républicain. Quant à Nader, il se situe à la gauche de l'échiquier et ne peut donc nuire qu'aux démocrates. Il faudra surveiller l'État du New Hampshire. En 2000, les votes obtenus par Ralph Nader ont manifestement nui aux chances d'Al Gore de remporter la présidence.

Mais en 2004, pour John Kerry, Ralph Nader n'a eu aucun impact. Il en sera de même en 2008.

Le *ticket splitting*

Le 4 novembre prochain, les Américains voteront aussi pour renouveler l'ensemble de la Chambre des représentants, pour élire le tiers du Sénat et 11 gouverneurs d'État. Tout porte à croire que les démocrates garderont le contrôle du Congrès américain. Le contraire serait surprenant. Un vote pour McCain dans ces circonstances signifiera que certains électeurs sont prêts à partager leur allégeance, à choisir une cohabitation entre une Maison-Blanche républicaine et un Congrès démocrate. Il s'agit donc du *ticket splitting*.

Rappelons aussi que depuis 1980, les républicains ont occupé la Maison-Blanche pendant 20 ans et les démocrates, seulement 8 ans. Au cours de leurs

20 ans de pouvoir, les républicains ont eu à faire face à un Congrès démocrate pendant 10 ans. Sans compter qu'entre 1954 et 1976 (22 ans), il y a eu une cohabitation (républicain à la Maison-Blanche / démocrate au Sénat) pendant 16 ans. Bref, le *ticket splitting* fait partie de la culture électorale des États-Unis et les stratèges des deux partis en sont fort conscients. La réputation de John McCain concernant son penchant vers des solutions bipartisanes l'aide dans un contexte de *ticket splitting*.

QUE SURVEILLER LE 4 NOVEMBRE 2008?

Que faudra-t-il surveiller attentivement le soir du 4 novembre 2008?

En 1960, les résultats finaux ne furent connus que le lendemain matin; en l'an 2000 tout le monde se souvient des 38 jours d'attente, alors qu'en 2004, Kerry a concédé la victoire le lendemain de l'élection. Pour bien apprécier le déroulement de la soirée électorale, il faudra surveiller, bien sûr la course à la présidence, mais également le taux de participation, le vote populaire et ses répercussions sur la composition du Collège électoral, les résultats dans les États clés, les élus à la Chambre des représentants, les gouverneurs des États et finalement identifier l'impact du résultat final sur les aspirations des étoiles montantes.

Le taux de participation

En 2004, le taux de participation avait augmenté de 51,2 % à 57 %. Si on se fie à la participation aux primaires tenues chez les démocrates, tout laisse présager que le taux de participation sera similaire à celui de 2004, sinon en hausse. Depuis les années 1960, le vote populaire est tombé sous la barre du 60 %, mais l'implication de plusieurs nouveaux électeurs depuis la saison des primaires pourrait nous ramener à ces bonnes années. En comparant la participation des électeurs aux élections de mi-mandat de 2002 avec celles de 2006, on observe une hausse de 7 %. Donc, depuis 2004 la tendance est encourageante.

Qui sera favorisé par une plus grande participation au scrutin? En 2004, on prévoyait qu'une augmen-tation dans la participation favoriserait Kerry. Ce ne fut pas le cas. Mais en raison de l'impopularité de l'administration Bush, les démocrates croient qu'une hausse dans la participation pourrait les avantager cette fois-ci.

Les luttes serrées

En 2004, lors de la convention démocrate, dans un discours très remarqué, Barack Obama avait souligné qu'on ne doit pas parler « des États bleus, ni des États rouges, mais plutôt des États-Unis d'Amérique ».

Son souhait dans l'actuelle campagne est de casser cette dynamique qui a dominé les deux dernières présidentielles. Si on analyse les tendances des sondages, il semble que le souhait d'Obama ne pourra se concrétiser.

Chaque parti peut compter sur un bloc solide d'États, tandis que 16 d'entre eux feront l'objet de luttes serrées.

En priorité, parmi les États clés, il faudra porter une attention particulière aux résultats au Colorado (9 votes au Collège électoral), en Floride (27 votes), en Ohio (20 votes), au Michigan (17 votes), au Minnesota (10 votes), au New Hampshire (4 votes), au Nouveau-Mexique (5 votes), au Nevada (5 votes) et en Caroline du Nord (15 votes). S'ajoutent à cela des États qui peuvent basculer des républicains aux démocrates comme l'Indiana (11 votes), le Missouri (11 votes), la Géorgie (15 votes) et l'Iowa (7 votes) en raison de la performance d'Obama aux primaires.

Des luttes serrées sont à prévoir en Pennsylvanie (21 votes), au Wisconsin (10 votes) et en Oregon (7 votes) où McCain semble mener une chaude lutte aux démocrates, largement en raison de son esprit indépendant.

Le Congrès

La Chambre des représentants, avec ces 438 représentants, sera en jeu le 4 novembre prochain. Actuellement, les démocrates comptent sur 234 représentants contre 199 chez les républicains. Deux sièges sont vacants. Le Sénat est présentement composé de 49 démocrates, de 49 républicains et de deux indépendants. Depuis plusieurs mois, les sondages indiquent des gains importants pour les démocrates, tant à la Chambre des représentants qu'au Sénat. Tout converge pour que les démocrates non seulement maintiennent leur contrôle sur le Congrès, mais l'augmentent.

Reste à savoir si Obama répétera l'exploit d'Eisenhower en 1952, de Kennedy en 1960, de Clinton en 1992 et de George W. Bush en 2000 qui ont gagné leur première élection en remportant la majorité dans les deux chambres du Congrès. McCain le républicain, élu président, devra sans nul doute gouverner en cohabitation avec un Congrès à majorité démocrate.

Les gouverneurs des États

Actuellement, 28 États sont dirigés par des gouverneurs démocrates et 22 par des républicains. Onze postes sont en jeu, dont 6 démocrates et 5 républicains. Encore ici, il est prévu des gains en faveur des démocrates. Compte tenu du fait qu'être gouverneur a été, dans l'histoire américaine, le principal tremplin vers la présidence, on risque d'identifier la prochaine garde montante.

Le cycle de cette élection se terminera le 4 novembre 2008 et un nouveau président sera assermenté le 20 janvier 2009. Le parti perdant aura son regard immédiatement tourné vers le prochain cycle des élections de mi-mandat de 2010. Déjà, au 5 novembre, le jeu des spéculations sera lancé chez les perdants et on fera l'évaluation de l'élection 2008, ce qui a fonctionné et ce qui a échoué.

Une victoire d'Obama mènerait immédiatement à identifier des candidats potentiels chez les républicains pour 2012. Si McCain l'emporte, Hillary Clinton redeviendra la candidate choyée pour les démocrates au prochain cycle des présidentielles.

La démocratie en Amérique, c'est un travail à temps plein!

LE DERNIER MOT

L'Amérique essentielle!

Toutes les élections présidentielles américaines sont importantes, mais cette élection de 2008 a un caractère plus exceptionnel qu'à l'habitude. Elle stimule l'intérêt de l'ensemble de la communauté internationale. « *The whole world is watching* », disions-nous en introduction. En effet, la planète est en attente des résultats du 4 novembre prochain.

Notre monde du XXIe siècle fait face à quatre défis majeurs : en matières économique, énergétique, environnementale et de sécurité internationale. Qu'on le veuille ou non, ces quatre enjeux planétaires nous obligeront à revoir nos façons de penser, de produire des biens et des services, d'agir dans nos communautés et de vivre notre épanouissement personnel. En nous projetant dans l'avenir, nous devons convenir que les États-Unis demeurent encore et toujours le grand pays qui possède tous les outils économiques, sociaux, politiques ou militaires pour exercer le leadership nécessaire pour assurer l'équilibre du monde.

Comme toujours, et peut-être davantage cette fois-ci, les enjeux de cette élection américaine dépassent largement les frontières de ce pays. L'impact des résultats électoraux du 4 novembre 2008 se fera sentir non seulement sur son territoire national, mais également sur l'ensemble du « village global planétaire » qui est le nôtre.

Les candidatures de Barack Obama et de John McCain cristallisent l'intérêt des Canadiens et des Québécois. Nos deux pays partagent la plus grande frontière commune ouverte et non militarisée de la planète, et que dire de nos relations économiques au sein de l'ALENA. Parce que nous sommes conscients de l'impact (direct ou même indirect) qu'une décision à Washington peut avoir sur notre économie et notre mode de vie, notre regard (du nord au sud) s'aiguise quand nos voisins du sud entrent en élections présidentielles.

Nos « cohabitants » du continent (du moins de l'hémisphère nord) ont une lourde tâche le 4 novembre 2008. Ils et elles ne voteront pas seulement pour élire leur 44e président. Ils élisent un des principaux acteurs et leaders internationaux, qui aura la responsabilité de contribuer activement à recréer un pont de confiance au sein de la communauté internationale.

Est-ce que les Américains iront aux urnes en grand nombre? Le taux de participation aux élections présidentielles a toujours été un enjeu crucial. Il nous faut prévoir une participation accrue de l'électorat américain à cette élection. Plusieurs sondages l'indiquent, la population américaine est de plus en plus consciente des enjeux liés à cette élection et se sent interpellée. Déjà, en 2004, il y avait eu une augmentation sensible de la participation au scrutin. Tous les indices laissent prévoir encore une participation accrue en 2008.

Changement, changement, changement

Le thème du changement est présent dans presque chaque discours des deux candidats. Tant John McCain que Barack Obama se présentent comme des agents du changement. Oui, cette élection marque un changement de l'ère de Bush fils. Mais au fait, de quel changement s'agit-il? Se réclamer du « changement » n'indique pas nécessairement que l'on puisse en avoir une définition nette et précise.

Pour Obama, penser le « changement », cela signifie oser l'avenir, vouloir modifier le cours des choses. Il exhorte ses concitoyens – « *Yes we can* » –. Il leur propose de remettre le rêve américain sur les rails et de lui redonner ses lettres de noblesse.

Le « changement » dans la bouche de John McCain a un tout autre sens. Il l'inscrit dans la continuité, dans la poursuite des grandes valeurs du passé, mais avec un ton de conciliation et de recherche de l'équilibre et d'ouverture. McCain n'est pas un fondamentaliste religieux.

La société américaine n'est plus celle qui enfanta la révolution, ni celle qui avait accepté le défi du *New Deal* de Franklin D. Roosevelt, ni celle de la nouvelle frontière (*The New Frontier*) de John F. Kennedy. Il s'est forgé depuis la Seconde Guerre mondiale, au sein de la population américaine, une mythologie d'opulence, inspirée par l'essor économique extraordinaire du pays et son hégémonie internationale. La perception, qu'elle soit justifiée ou non, voulant que l'Amérique soit riche, très riche et que l'Amérique soit puissante, très puissante et qu'elle soit l'envie du monde est très présente chez les Américains. Pourtant, 45 millions de leurs compatriotes ne possèdent aucune assurance médicale. Pour nombre d'Américains, l'espoir du rêve américain s'est évaporé. Lorsque l'on est candidat à la présidence et que l'on prétend au « changement » dans de telles conditions socio-économiques précaires, il ne faut pas se surprendre que cet espoir de changement apparaisse inatteignable.

Donc, est-ce que le soir du 4 novembre 2008, les Américains se montreront à la hauteur du moment? Oseront-ils élire un Afro-Américain et relever le défi pour l'avenir lancé par Obama? Ou choisiront-t-ils un changement, par rapport à l'administration de Bush fils, plus sobre, moins extravagant, plus connu?

Durant cette longue campagne présidentielle de 18 mois, le monde a continué à évoluer. La Russie a envahi la Géorgie, le Pakistan est au bord du chaos, l'Iran poursuit sa course à l'armement nucléaire, les Talibans contrôlent tous les mois plus de territoire en Afghanistan, la Chine ressort triomphante des Jeux olympiques et nous démontre sa puissance hégémonique en Asie, l'Afrique reste trop souvent un continent oublié et la superpuissance américaine se cherche après huit années de George W. Bush.

Nous n'émettons qu'un seul souhait. Que cette élection présidentielle de 2008 aide les États-Unis à se remettre en selle tant sur les plans intérieur qu'international, pour le bien-être de leurs citoyens et pour celui de l'ensemble des citoyens du monde.

ANNEXE 1

ARTICLES DE JOHN PARISELLA

Le Devoir
IDÉES, mardi, 24 avril 2007, p. a7

Élections présidentielles américaines 2008
Investiture du Parti démocrate - Barack Obama : maintenant ou jamais

John Parisella

Dix-huit mois. Nous sommes à 18 mois de la prochaine élection présidentielle de 2008 et déjà, la course est en pleine effervescence et les campagnes des candidats sont bien enclenchées. Pour la première fois depuis 1952, les deux grandes formations politiques, les républicains et les démocrates, sont en voie de choisir des candidats qui n'occupent présentement ni la présidence ni la vice-présidence. Compte tenu du fait que l'administration Bush est fort impopulaire, en raison surtout de la guerre en Irak, la lutte pour la présidence américaine de 2008 prend une dimension des plus intéressantes.

En novembre 2006, l'électorat américain a renversé la domination républicaine au Congrès en élisant une majorité de démocrates. Aujourd'hui, ce sont deux leaders démocrates, Nancy Pelosi, la nouvelle présidente de la Chambre des représentants, et Harry Reid, de l'État du Nevada, leader démocrate au Sénat, qui mènent la charge contre le président.

La Maison-Blanche, selon plusieurs experts, est à la portée de ce parti. Le fait que la sénatrice Hillary Clinton de New York, une personnalité fort connue et la femme de l'ancien président Bill Clinton, soit candidate, suscite davantage d'attention médiatique chez les démocrates en ce début de course.

Le candidat Obama

Il y a toutefois un autre facteur qui anime prématurément l'intérêt de ces présidentielles. Il s'agit de la candidature de Barack Obama, le sénateur de l'Illinois, à l'investiture du Parti démocrate. Homme au charisme évident, Obama impose littéralement une nouvelle dynamique. Il manie avec élégance son expérience de la sphère publique et l'espoir qu'il génère auprès de ses concitoyens, tout en étant, et cela est loin d'être négligeable, le premier Noir de l'histoire américaine à pouvoir sincèrement aspirer à occuper le siège de la présidence.

Depuis l'annonce officielle de sa candidature pour l'investiture démocrate, le 10 février 2007, Obama attire non seulement des foules records – plus de 20 000 personnes tout récemment à Atlanta –, mais l'écart entre lui et Hillary Clinton se rétrécit constamment dans les sondages.

Il a déjà amassé en trois mois plus de 25 millions de dollars, soit essentiellement le même montant que Mme Clinton. Plus de 100 000 personnes ont fait un don à la caisse de Barack Obama, contre comparativement environ 50 000 personnes pour Mme Clinton. Voilà qui augure bien pour le deuxième trimestre qui se termine en juin. Donc, l'argent et le *momentum* ne manquent pas à la machine Obama.

Cela dit, la course ne fait que s'amorcer. Rapidement, les électeurs, et particulièrement les militants, vont scruter de plus près ce jeune sénateur. Il aura beau répéter qu'il est le seul candidat à s'être opposé clairement à la guerre en Irak et que, avoir de l'expérience à Washington (surtout celle du vice-président Dick Cheney et de l'ancien secrétaire de la Défense, Donald Rumsfeld) a mené de manière irrémédiable à l'impasse irakienne actuelle, les Américains voudront en entendre davantage.

Natif d'Hawaï, le sénateur Obama a vécu dans plusieurs États américains, en Indonésie et a résidé pour un bref séjour au Kenya. Diplômé des meilleures universités américaines (Colombia et Harvard), Obama fut à la fois professeur, avocat de pratique dans le domaine des droits civiques, et politicien au niveau de l'État de l'Illinois avant son élection au Sénat américain en 2004.

Il est déjà l'auteur de deux best-sellers, *Dream from My Father* et *Audacity of Hope*. Ses discours, ses présences à la télé américaine et son allure font que ses détracteurs n'hésitent pas à le qualifier, avec un certain dédain d'ailleurs, de « simple rock star ». On semble douter de sa profondeur et de sa rigueur. En politique, toutefois, être sous-estimé est loin d'être un désavantage.

Pour plusieurs de ses supporteurs, Barack Obama représente surtout l'espoir. Il est en voie de devenir le premier candidat depuis Robert Kennedy à incarner ce genre de changement mobilisateur. Il est presque surréel et irrationnel que sa candidature menace sérieusement celle de la très qualifiée Hillary Clinton. Obama représente le renouveau, ce potentiel de la transformation de la politique américaine telle que pratiquée par le clan Bush et oui, aussi par le clan Clinton. C'est le débat classique entre la politique faite traditionnellement et le vrai changement. La victoire presque « assurée » d'Hillary Clinton à l'investiture démocrate est maintenant chose du passé.

Kennedy, Winfrey et Woods

Sénateur depuis 2004, Barack Obama est un phénomène politique rare. Il combine à la fois contenu, charisme, art oratoire et une personnalité d'enfer qui créent un lien émotif naturel et très fort entre lui et l'Américain moyen. On retrouve chez lui l'idéalisme social d'un Bobby Kennedy, la force de la communication d'Oprah Winfrey et la puissance de la personnalité d'un Tiger Woods. Il est une heureuse combinaison de ces trois grands caractères qui ont forgé une part de l'Amérique moderne. Si ce n'était que pour cette raison, la candidature du sénateur Obama doit être prise très au sérieux.

Pour mieux saisir la portée de la candidature de Barack Obama, il est bon de rappeler celle de Bobby Kennedy en 1968. À cette époque, les Américains vivaient pleinement le traumatisme de la guerre au Vietnam. Les pertes de vie augmentaient au jour le jour, et les divisions au sein de la société américaine s'intensifiaient. Kennedy, ancien supporteur de cette guerre, rompt avec le président Johnson pour s'opposer à cette guerre. Il conteste la présidence de Johnson, ce qui était assez dramatique compte tenu qu'ils étaient du même parti.

La candidature de Bobby Kennedy était unique en soi, car il inspirait différentes couches de la population – les pauvres, les minorités, la classe moyenne et les jeunes. Chacun pouvait voir en cette candidature l'espoir d'un monde meilleur. Un monde de compassion, de tolérance, de justice, et d'inclusion. La croisade se termina malheureusement par son assassinat dans les cuisines d'un hôtel de Los Angeles, le 6 juin 1968. Mais le rêve et les idéaux qui l'inspiraient demeurent toujours pertinents pour plusieurs composantes de la population américaine. Il y a de plus en plus d'Américains pour qui le sénateur Obama rappelle cette croisade d'espoir.

Parlons maintenant d'Oprah Winfrey et de Tiger Woods. Ces deux Afro-Américains sont considérés comme faisant partie des personnes les plus influentes de la société américaine. Ils sont des icônes et des modèles et sont admirés et respectés bien au-delà de l'Amérique. Barack Obama a ce don de la communication qui a fait d'Oprah Winfrey une femme si influente. Obama soulève les foules et sait combien il importe de communiquer avec simplicité et avec authenticité. Le fait que l'influente Oprah l'appuie sans condition ne lui nuit pas pour atteindre certaines couches importantes de la population aux États-Unis.

Avec son style flamboyant et athlétique, Obama est de même lignée que Tiger Woods auprès de la jeunesse américaine. D'ailleurs, tout comme Tiger Woods, Barack Obama est issu de parents mixtes (mère blanche et père africain). Il incarne cette nouvelle génération d'Américains, ouverts sur le monde et fiers de leurs origines mixtes. Sa personnalité et son charisme sont une passerelle entre les Blancs, les Afro-Américains et les diverses communautés culturelles aux États-Unis.

Nous voilà donc à peine au début d'une longue campagne qui sera ardue et remplie de surprises. La sénatrice Clinton part avec une longueur d'avance, bien méritée et bien appuyée par l'*establishment* du Parti démocrate. Son mari est incontestablement l'un des plus grands stratèges et il sera à ses côtés (sans commentaires!). Quant à lui, Obama poursuivra sa campagne envers et contre tous. Le premier candidat sérieux de race noire pour la Maison-Blanche, l'homme avec une expérience fort limitée, l'homme qui incarne l'espoir plutôt que des formules de rechange. Il est un homme d'idées qui anime les foules et qui inspire.

Barack Obama a bien sûr peu d'expérience administrative. On pourrait même concevoir qu'il se porte candidat pour mieux se préparer et bâtir sa notoriété pour les présidentielles de 2012 ou de 2016. Certains voient Obama comme le candidat idéal pour la vice-présidence. En raison de sa relative jeunesse – 45 ans –, on prétend même qu'Obama fait une incursion « prématurée » sur le terrain des présidentielles. Ce serait toutefois une erreur que d'envisager sa candidature de cette façon. Barack Obama a rendez-vous avec l'Amérique en 2008. Avec son style, sa force de caractère et ce besoin réel de recréer l'espoir auprès de la population américaine, tout cela fait que pour Barack Obama, accéder à la présidence, « c'est maintenant ou jamais! »

La Presse
Forum, lundi, 31 décembre 2007, p. A17

Opinion

Si j'étais Américain...

Parisella, John

Si j'étais Américain, je souhaiterais que les États-Unis se choisissent un président déterminé à restaurer le leadership et la réputation de mon pays. Je voterais pour un président qui privilégie la diplomatie et une approche multilatérale pour résoudre les conflits internationaux. Tout en souhaitant avoir un président prêt à utiliser la force des armes pour défendre la sécurité de mon pays, j'espérerais que mon futur président puisse enfin reconnaître qu'historiquement, la véritable puissance américaine se démarque plus sur la scène internationale par sa force de persuasion et par son leadership moral que par sa puissance militaire.

Je souhaiterais avoir un président qui recherche un meilleur partage de la richesse. Si j'étais Américain, j'aimerais que tous mes concitoyens puissent avoir accès, à la hauteur de nos moyens, à des soins de santé sans épuiser leurs ressources financières et que mon pays assume un rôle de leader dans la lutte contre le réchauffement climatique. J'aimerais que mon président mette de l'avant une solution humaine au fléau de l'immigration illégale.

Un président devrait pouvoir inspirer la nation et particulièrement les jeunes et les moins nantis, lutter contre la pauvreté et véhiculer des valeurs d'inclusion et de tolérance. Je voudrais que ce président gouverne dans un esprit moins partisan.

Bref, je cherche un président qui a plus l'étoffe d'un *statesman* (homme d'État) que d'un politicien obsédé par les sondages et la prochaine élection.

Je constate que seul le Parti démocrate présente des candidats proches de ces valeurs qui m'habitent. Hillary Clinton, Barack Obama et John Edwards représentent, selon mon échelle de valeurs, les meilleurs espoirs pour les présidentielles de l'an prochain. Toutefois, l'élection d'Edwards, l'ancien candidat à la vice-présidence, demeure peu probable. Clinton et Obama se retrouvent à égalité.

Un véritable changement

Hillary Clinton est sans aucun doute la plus expérimentée des deux. Sa performance comme sénatrice ne cesse d'impressionner. Son intelligence, son courage et sa grande notoriété font d'elle une candidate de qualité et probablement celle qui a le plus de chances de remporter l'élection en novembre prochain. Ses politiques sont progressistes et elle bénéficie, à ses côtés, d'un des meilleurs cerveaux politiques de sa génération en la personne de son mari, l'ancien président Bill Clinton.

Barack Obama, élu sénateur de l'Illinois en 2004, a 45 ans. Son expérience politique est toutefois limitée. Avocat, professeur, organisateur communautaire, Obama se démarque par son charisme et sa capacité d'incarner le changement. Pour plusieurs, choisir Obama serait un choc politique susceptible de transformer la donne politique conventionnelle.

Les chances d'Obama de remporter la nomination démocrate sont certainement moins solides que celles d'Hillary Clinton. Plus encore, pour les démocrates, choisir Obama au détriment de Clinton pour la course à la présidence présente plus de risques. Les sondages démontrent que les Américains se sentent plus à aise de choisir la première femme présidente que d'élire le premier président noir!

L'élection présidentielle américaine de 2008 marquera la nouveauté. Le président choisi, s'il était réélu en 2012, pourrait gouverner pour les huit prochaines années. Les défis mondiaux qui se profilent sur la scène internationale, la nécessité pour les États-Unis de reprendre un leadership moral dans le concert des nations appellent donc à un véritable changement, à un renouveau de la politique américaine. Voilà pourquoi, eh oui, si j'étais Américain, mon choix pour l'investiture démocrate et éventuellement pour la présidence en novembre prochain serait simple : Barack Obama.

ANNEXE 2

CONSTITUTION DES ÉTATS-UNIS D'AMÉRIQUE
VERSION ANNOTÉE

Note : La Constitution américaine a été adoptée par la Convention le 17 septembre 1787. Ratifiée par 11 États, elle est entrée en vigueur le 4 mars 1789. Vous trouverez ainsi, dans les prochaines pages, le texte de la Constitution. Les passages inscrits en gris ont été modifiés ou abrogés au fil des ans. La note mise entre crochets à la suite de ces passages indique la modification subie ou le moment de l'abrogation.

PRÉAMBULE

Nous, le Peuple des États-Unis, en vue de former une Union plus parfaite, d'établir la justice, de faire régner la paix intérieure, de pourvoir à la défense commune, de développer le bien-être général et d'assurer les bienfaits de la liberté à nous-mêmes et à notre postérité, nous décrétons et établissons cette Constitution pour les États-Unis d'Amérique.

Article premier

Section 1. Tous les pouvoirs législatifs accordés par cette Constitution seront attribués à un Congrès des États-Unis, qui sera composé d'un Sénat et d'une Chambre des représentants.

Section 2. La Chambre des représentants sera composée de membres choisis tous les deux ans par le peuple des différents États; dans chaque État les électeurs devront répondre aux conditions requises pour être électeur à l'assemblée la plus nombreuse de la législature de cet État.

Nul ne pourra être représentant s'il n'a atteint l'âge de vingt-cinq ans, s'il n'est citoyen américain depuis sept ans et s'il ne réside, au moment de l'élection, dans l'État où il doit être élu.

Les représentants et les impôts directs seront répartis entre les différents États qui pourront faire partie de cette Union, proportionnellement au nombre de leurs habitants, qui sera déterminé en ajoutant au nombre total des personnes libres, y compris celles qui se sont louées pour un nombre d'années déterminé, mais à l'exclusion des Indiens non soumis à l'impôt, trois cinquièmes de toutes les autres personnes. *[Disposition sur le mode de désignation des représentants a été modifiée par l'adoption du 14ᵉ amendement, section 2 en 1868 et la disposition concernant les impôts fut modifiée par l'adoption du 16ᵉ amendement en 1913]* Le recensement sera effectué dans les trois ans qui suivront la première réunion du Congrès, et ensuite tous les dix ans, de la manière qui sera fixée par la loi. Le nombre des représentants n'excédera pas un pour trente mille habitants, mais chaque État aura au moins un représentant : jusqu'à ce que le recensement soit effectué, l'État du New Hampshire aura droit à trois représentants, le Massachusetts à huit, l'État du Rhode Island et les Plantations de Providence à un, le Connecticut à cinq, l'État de New York à six, le New Jersey à quatre, la Pennsylvanie à huit, le Delaware à un, le Maryland à six, la Virginie à dix, la Caroline du Nord à cinq, la Caroline du Sud à cinq et la Géorgie à trois.

Lorsque des vacances se produiront dans la représentation d'un État, le pouvoir exécutif de cet État fera procéder à des élections pour y pourvoir.

La Chambre des représentants choisira son président et les autres membres de son bureau, et elle détiendra seule le pouvoir de mise en accusation devant le Sénat.

Section 3. Le Sénat des États-Unis sera composé de deux sénateurs pour chaque État, choisis pour six ans par la législature de chacun, [Disposition modifiée par l'adoption du 17ᵉ amendement section 1 en 1913] et chaque sénateur disposera d'une voix.

Dès qu'ils seront réunis à la suite de la première élection, les sénateurs seront divisés aussi également que possible en trois groupes.

Les sièges des sénateurs du premier groupe seront déclarés vacants à l'expiration de la deuxième année, ceux du second groupe à l'expiration de la quatrième année et ceux du troisième groupe à l'expiration de la sixième année, de telle sorte qu'un tiers puisse être renouvelé tous les deux ans; et si des vacances se produisent, par démission ou autrement, en dehors des sessions législatives d'un État, le pouvoir exécutif de cet État peut procéder à des nominations temporaires jusqu'à la réunion suivante de la législature, qui pourvoira alors à ces vacances. [Disposition modifiée par l'adoption du 17ᵉ amendement section 2 en 1913]

Nul ne pourra être sénateur s'il n'a atteint l'âge de trente ans, s'il n'est pas depuis neuf ans citoyen des États-Unis et s'il ne réside, au moment de l'élection, dans l'État pour lequel il est élu.

Le vice-président des États-Unis sera président du Sénat, mais n'aura pas de droit de vote, à moins d'égal partage des voix du Sénat.

Le Sénat choisira les autres membres de son bureau, ainsi qu'un président temporaire, en cas d'absence du vice-président des États-Unis, ou lorsque celui-ci sera appelé à exercer les fonctions de président des États-Unis.

Le Sénat aura seul le pouvoir de juger les personnes mises en accusation par la Chambre des représentants. Lorsqu'il siégera à cet effet, les sénateurs prêteront serment ou feront une déclaration solennelle. En cas de jugement du président des États-Unis, le président de la Cour suprême présidera. Nul ne pourra être déclaré coupable que par un vote des deux tiers des membres présents.

Les condamnations prononcées en cas d'« *impeachment* » ne pourront excéder la destitution et l'interdiction d'occuper tout poste de confiance ou d'exercer toute fonction honorifique ou rémunérée des États-Unis; mais la partie condamnée sera néanmoins responsable et sujette à accusation, procès, jugement et condamnation suivant le droit commun.

Section 4. L'époque, le lieu et la procédure des élections des sénateurs et des représentants seront déterminés dans chaque État par la législature de cet État; le Congrès peut toutefois, à tout moment, déterminer ou modifier par une loi les règles des élections, à l'exception de celles relatives au lieu des élections des sénateurs.

Le Congrès se réunira au moins une fois par an, le premier lundi de décembre, [Disposition modifiée par l'adoption du 20ᵉ amendement section 2 en 1933] à moins que, par une loi, il ne fixe un jour différent.

Section 5. Chaque Chambre sera juge de l'élection de ses membres, du nombre de voix qu'ils ont obtenues et de leur éligibilité; la majorité, dans chaque Chambre, sera nécessaire pour que les délibérations soient valables; mais un nombre inférieur pourra ajourner la séance de jour en jour et pourra être autorisé à exiger la présence des membres absents par tels moyens et sous telles pénalités que la Chambre pourra décider.

Chaque Chambre peut établir son règlement, prendre des sanctions contre ses membres pour conduite contraire au bon ordre et, à la majorité des deux tiers, prononcer l'expulsion de l'un d'entre eux.

Chaque Chambre tiendra un procès-verbal de ses débats et le publiera de temps à autre, à l'exception des parties qui lui sembleraient requérir le secret; les votes pour et les votes contre des membres de chacune des Chambres sur une question quelconque seront, à la demande d'un cinquième des membres présents, consignés dans le procès-verbal.

Aucune des deux Chambres ne pourra, durant une session du Congrès et sans le consentement de l'autre Chambre, s'ajourner pour plus de trois jours, ni se transporter en aucun autre lieu que celui où les deux Chambres siégeront.

Section 6. Les sénateurs et représentants percevront une indemnité qui sera fixée par la loi et payée par le Trésor des États-Unis. En aucun cas autre que ceux de trahison, crime ou atteinte à la paix publique, ils ne pourront être arrêtés durant leur participation aux sessions de leur Chambre, ni lorsqu'ils se rendront à une session de cette Chambre ou en reviendront; ils ne pourront être inquiétés en aucun lieu pour leurs discours ou discussions dans l'une quelconque des Chambres.

Aucun sénateur ou représentant ne pourra, durant la période pour laquelle il a été élu, être nommé à une fonction civile relevant de l'autorité des États-Unis, qui aurait été créée ou dont le traitement aurait été augmenté durant cette période; aucune personne occupant une charge relevant de l'autorité des États-Unis ne sera membre de l'une des deux Chambres tant qu'elle exercera ces fonctions.

Section 7. Tous projets de loi comportant la levée d'impôts émaneront de la Chambre des représentants; mais le Sénat pourra proposer ou accepter des amendements à y apporter comme aux autres projets de loi.

Tout projet de loi adopté par la Chambre des représentants et par le Sénat devra, avant d'acquérir force de loi, être soumis au président des États-Unis. Si celui-ci l'approuve, il le signera; sinon il le renverra, avec ses objections, à la Chambre dont il émane, laquelle insérera les objections *in extenso* dans son procès-verbal et procédera à un nouvel examen du projet. Si, après ce nouvel examen, le projet de loi réunit en sa faveur les voix des deux tiers des membres de cette Chambre, il sera transmis, avec les objections qui l'accompagnaient, à l'autre Chambre, qui l'examinera également de nouveau, et, si les deux tiers des membres de celle-ci l'approuvent, il aura force de loi. En pareil cas, les votes des deux Chambres seront acquis par oui et par non, et les noms des membres votant pour et contre le projet seront portés au procès-verbal de chaque Chambre respectivement. Tout projet non renvoyé par le président dans les dix jours (dimanche non compris) qui suivront sa soumission, deviendra loi comme si le président l'avait signé, à moins que le Congrès n'ait, par son ajournement, rendu le renvoi impossible; auquel cas le projet n'acquerra pas force de loi.

Tous ordres, résolutions ou votes, pour l'adoption desquels l'accord du Sénat et de la Chambre des représentants peut être nécessaire (sauf en matière d'ajournement), seront représentés au président des États-Unis, et, avant de devenir exécutoires, approuvés par lui, ou, en cas de dissentiment de sa part, adoptés de nouveau par les deux tiers du Sénat et de la Chambre des représentants, conformément aux règles et sous les réserves prescrites pour les projets de loi.

Section 8. Le Congrès aura le pouvoir :
- De lever et de percevoir des taxes, droits, impôts et excises, de payer les dettes et pourvoir à la défense commune et à la prospérité générale des États-Unis; mais lesdits droits, impôts et excises seront uniformes dans toute l'étendue des États-Unis;
- De faire des emprunts sur le crédit des États-Unis;
- De réglementer le commerce avec les nations étrangères, entre les divers États, et avec les tribus indiennes;
- D'établir une règle uniforme de naturalisation et des lois uniformes au sujet des faillites applicables dans toute l'étendue des États-Unis;
- De battre monnaie, d'en déterminer la valeur et celle de la monnaie étrangère, et de fixer l'étalon des poids et mesures;
- D'assurer la répression de la contrefaçon des effets et de la monnaie en cours aux États-Unis;
- D'établir des bureaux et des routes de postes;
- De favoriser le progrès de la science et des arts utiles, en assurant, pour un temps limité, aux auteurs et inventeurs le droit exclusif à leurs écrits et découvertes respectifs;
- De constituer des tribunaux inférieurs à la Cour suprême;
- De définir et punir les pirateries et crimes commis en haute mer et les atteintes à la loi des nations;
- De déclarer la guerre, d'accorder des lettres de marque et de représailles, et d'établir des règlements concernant les prises sur terre et sur mer;
- De lever et d'entretenir des armées, sous réserve qu'aucune affectation de crédits à cette fin ne s'étende sur plus de deux ans;
- De créer et d'entretenir une marine de guerre;
- D'établir des règlements pour le commandement et la discipline des forces de terre et de mer;
- De pourvoir à la mobilisation de la milice pour assurer l'exécution des lois de l'Union, réprimer les insurrections et repousser les invasions;
- De pourvoir à l'organisation, l'armement et la discipline de la milice, et au commandement de telle partie d'icelle qui serait employée au service des États-Unis, en réservant aux États respectivement la nomination des officiers et l'autorité nécessaire pour instruire la milice selon les règles de discipline prescrites par le Congrès;

- D'exercer le droit exclusif de législation, en toute matière, sur tel district (d'une superficie n'excédant pas 10 milles au carré) qui, par cession d'États particuliers et sur acceptation du Congrès, sera devenu le siège du gouvernement des États-Unis et d'exercer semblable autorité sur tous lieux acquis, avec le consentement de la législature de l'État dans lequel ils seront situés, pour l'érection de forts, dépôts, arsenaux, chantiers navals et autres constructions nécessaires;
- Et de faire toutes les lois qui seront nécessaires et convenables pour mettre à exécution les pouvoirs ci-dessus mentionnés et tous autres pouvoirs conférés par la présente Constitution au gouvernement des États-Unis ou à l'un quelconque de ses départements ou de ses fonctionnaires.

Section 9. L'immigration ou l'importation de telles personnes que l'un quelconque des États actuellement existants jugera convenable d'admettre ne pourra être prohibée par le Congrès avant l'année mil huit cent huit, mais un impôt ou un droit n'excédant pas 10 dollars par tête pourra être levé sur cette importation. [Disposition abrogée par l'adoption du 13e amendement en 1865]

Le privilège de l'ordonnance d'habeas corpus ne pourra être suspendu, sauf dans les cas de rébellion ou d'invasion, où la sécurité publique pourrait l'exiger.

Aucun décret de confiscation, ou aucune loi rétroactive ne seront promulgués.

Nulle capitation ni autre taxe directe ne seront levées, si ce n'est proportionnellement au recensement ou dénombrement ci-dessus ordonné. [Disposition modifiée par l'adoption du 16e amendement en 1913]

Ni taxes, ni droits ne seront levés sur les articles exportés d'un État quelconque.

Aucune préférence ne sera accordée par un règlement commercial ou fiscal aux ports d'un État sur ceux d'un autre; et nul navire à destination ou en provenance d'un État ne sera assujetti à des formalités ou des droits d'entrée, de sortie ou de douane dans un autre.

Aucune somme ne sera prélevée sur le Trésor, si ce n'est en vertu d'affectations de crédits stipulées par la loi; un état et un compte réguliers de toutes les recettes et dépenses des deniers publics seront publiés de temps à autre.

Aucun titre de noblesse ne sera conféré par les États-Unis, et aucune personne qui tiendra d'eux une charge de profit ou de confiance ne pourra, sans le consentement du Congrès, accepter des présents, émoluments, charges ou titres quelconques, d'un roi, prince ou État étranger.

Section 10. Aucun État ne pourra être partie à un traité ou une alliance ou à une Confédération; accorder des lettres de marque et de représailles; battre monnaie; émettre du papier-monnaie, donner cours légal, pour le paiement de dettes, à autre chose que la monnaie d'or ou d'argent; promulguer aucun décret de confiscation, aucune loi rétroactive ou qui porterait atteinte aux obligations résultant de contrats; ni conférer des titres de noblesse.

Aucun État ne pourra, sans le consentement du Congrès, lever des impôts ou des droits sur les importations ou les exportations autres que ceux qui seront absolument nécessaires pour l'exécution de ses lois d'inspection, et le produit net de tous les droits ou impôts levés par un État sur les importations ou les exportations sera affecté à l'usage du Trésor des États-Unis; et toutes ces lois seront soumises à la révision ou au contrôle du Congrès.

Aucun État ne pourra, sans le consentement du Congrès, lever des droits de tonnage, entretenir des troupes ou des navires de guerre en temps de paix, conclure des accords ou des pactes avec un autre État ou une puissance étrangère, ni entrer en guerre, à moins qu'il ne soit effectivement envahi ou en danger trop imminent pour permettre le moindre délai.

Article II

Section 1. Le pouvoir exécutif sera conféré à un président des États-Unis d'Amérique. Il restera en fonction pendant une période de quatre ans et sera, ainsi que le vice-président choisi pour la même durée, élu comme suit :

Chaque État nommera, de la manière prescrite par sa législature, un nombre d'électeurs égal au nombre total de sénateurs et de représentants auquel il a droit au Congrès, mais aucun sénateur ou représentant, ni aucune personne tenant des États-Unis une charge de confiance ou de profit, ne pourra être nommé électeur.

Les électeurs se réuniront dans leurs États respectifs et voteront par bulletin pour deux personnes, dont l'une au moins n'habitera pas le même État qu'eux. Ils dresseront une liste de toutes les personnes qui auront recueilli des voix et du nombre de voix réunies par chacune d'elles. Ils signeront cette liste, la certifieront et la transmettront, scellée, au siège du gouvernement des États-Unis, à l'adresse du président du Sénat. Le président du Sénat, en présence du Sénat et de la Chambre des représentants, ouvrira toutes les listes certifiées, et les suffrages seront alors comptés. La personne qui aura obtenu le plus grand nombre de voix sera président, si ce nombre représente la majorité de tous les électeurs nommés. Si deux ou plusieurs personnes ont obtenu cette majorité et un nombre égal de voix, la Chambre des représentants, par scrutin, choisira immédiatement l'une d'entre elles comme président. Si aucune personne n'a obtenu la majorité nécessaire, la Chambre des représentants choisira alors le président, selon la même procédure, parmi les cinq personnes ayant obtenu le plus grand nombre de voix. Mais, pour le choix du président, les votes seront comptés par État, la représentation de chaque État ayant une voix. Le quorum nécessaire à cet effet sera constitué par la présence d'un ou de plusieurs représentants des deux tiers des États, et l'adhésion de la majorité de tous les États devra être acquise pour la validité du choix. Dans tous les cas, après l'élection du président, la personne qui aura obtenu après lui le plus grand nombre des suffrages des électeurs sera vice-président. Mais s'il reste deux ou plusieurs personnes ayant le même nombre de voix, le Sénat choisira le vice-président parmi elles par scrutin. [Disposition modifiée par l'adoption du 12ᵉ amendement en 1804]

Le Congrès pourra fixer l'époque où les électeurs seront choisis et le jour où ils devront voter, ce jour étant le même sur toute l'étendue des États-Unis.

Nul ne pourra être élu président s'il n'est citoyen de naissance, ou s'il n'est citoyen des États-Unis au moment de l'adoption de la présente

Constitution, s'il n'a trente-cinq ans révolus et ne réside sur le territoire des États-Unis depuis quatorze ans.

En cas de destitution, de mort ou de démission du président, ou de son incapacité d'exercer les pouvoirs et de remplir les devoirs de sa charge, ceux-ci seront dévolus au vice-président. Le Congrès pourra, par une loi, prévoir le cas de destitution, de mort, de démission ou d'incapacité à la fois du président et du vice-président en désignant le fonctionnaire qui fera alors fonction de président, et ce fonctionnaire remplira ladite fonction jusqu'à cessation d'incapacité ou élection d'un président. [Disposition modifiée par l'adoption du 25ᵉ amendement en 1967]

Le président recevra pour ses services, à échéances fixes, une indemnité qui ne sera ni augmentée ni diminuée pendant la période pour laquelle il aura été élu, et il ne recevra pendant cette période aucun autre émolument des États-Unis, ni d'aucun des États.

Avant d'entrer en fonctions, le président prêtera serment ou prononcera l'affirmation qui suit :

« Je jure (ou affirme) solennellement de remplir fidèlement les fonctions de président des États-Unis et, dans toute la mesure de mes moyens, de sauvegarder, protéger et défendre la Constitution des États-Unis. »

Section 2. Le président sera commandant en chef de l'armée et de la marine des États-Unis, et de la milice des divers États quand celle-ci sera appelée au service actif des États-Unis. Il pourra exiger l'opinion, par écrit, du principal fonctionnaire de chacun des départements exécutifs sur tout sujet relatif aux devoirs de sa charge. Il aura le pouvoir d'accorder des sursis et des grâces pour crimes contre les États-Unis, sauf dans les cas d'*impeachment*.

Il aura le pouvoir, sur l'avis et avec le consentement du Sénat, de conclure des traités, sous réserve de l'approbation des deux tiers des sénateurs présents. Il proposera au Sénat et, sur l'avis et avec le consentement de ce dernier, nommera les ambassadeurs, les autres ministres publics et les consuls, les juges à la Cour suprême, et tous les autres fonctionnaires des États-Unis dont la nomination n'est pas prévue par la présente Constitution, et dont les postes seront créés par la loi. Mais le Congrès pourra, lorsqu'il le jugera opportun, confier au président seul, aux cours de justice ou aux chefs des départements, la nomination de certains fonctionnaires inférieurs.

Le président aura le pouvoir de pourvoir à toutes vacances qui viendraient à se produire entre les sessions du Sénat, en accordant des commissions qui expireront à la fin de la session suivante.

Section 3. Le président informera le Congrès, de temps à autre, de l'état de l'Union, et recommandera à son attention telles mesures qu'il estimera nécessaires et expédientes. Il pourra, dans des circonstances extraordinaires, convoquer l'une ou l'autre des Chambres ou les deux à la fois, et en cas de désaccord entre elles sur la date de leur ajournement, il pourra les ajourner à tel moment qu'il jugera convenable. Il recevra les ambassadeurs et autres ministres publics. Il veillera à ce que les lois soient fidèlement exécutées, et commissionnera tous les fonctionnaires des États-Unis.

Section 4. Le président, le vice-président et tous les fonctionnaires civils des États-Unis seront destitués de leurs charges sur mise en accusation et condamnation pour trahison, corruption ou autres crimes et délits majeurs.

Article III

Section 1. Le pouvoir judiciaire des États-Unis sera conféré à une Cour suprême et à telles cours inférieures dont le Congrès pourra de temps à autre ordonner l'institution. Les juges de la Cour suprême et des cours inférieures conserveront leurs charges aussi longtemps qu'ils en seront dignes et percevront, à échéances fixes, une indemnité qui ne sera pas diminuée tant qu'ils resteront en fonction.

Section 2. Le pouvoir judiciaire s'étendra à tous les cas de droit et d'équité ressortissant à la présente Constitution, aux lois des États-Unis, aux traités déjà conclus, ou qui viendraient à l'être sous leur autorité; à tous les cas concernant les ambassadeurs, les autres ministres publics et les consuls; à tous les cas relevant de l'Amirauté et de la juridiction maritime; aux différends auxquels les États-Unis seront partie; aux différends entre deux ou plusieurs États, entre un

État et les citoyens d'un autre, [Disposition abrogée par l'adoption du 11ᵉ amendement en 1798] entre citoyens de différents États, entre citoyens d'un même État revendiquant des terres en vertu de concessions d'autres États, entre un État ou ses citoyens et des États, citoyens ou sujets étrangers.

Dans tous les cas concernant les ambassadeurs, les autres ministres publics et les consuls, et ceux auxquels un État sera partie, la Cour suprême aura juridiction de première instance sur la date de leur ajournement, elle aura juridiction d'appel, et pour le droit et pour le fait, sauf telles exceptions et conformément à tels règlements que le Congrès aura établis.

Tous les crimes, sauf dans les cas d'*impeachment*, seront jugés par un jury. Le procès aura lieu dans l'État où lesdits crimes auront été commis, et, quand ils ne l'auront été dans aucun, en tel lieu ou place que le Congrès aura fixé par une loi.

Section 3. Le crime de trahison envers les États-Unis ne consistera que dans l'acte de faire la guerre contre eux, ou de se ranger du côté de leurs ennemis en leur donnant aide et secours. Nul ne sera convaincu de trahison, si ce n'est sur la déposition de deux témoins du même acte manifeste, ou sur son propre aveu en audience publique.

Le Congrès aura le pouvoir de fixer la peine en matière de trahison, mais aucune condamnation de ce chef n'entraînera ni mort civile, ni confiscation de biens, sauf pendant la vie du condamné.

Article IV

Section 1. Pleine foi et crédit seront accordés, dans chaque État, aux actes publics, minutes et procès-verbaux judiciaires de tous les autres États. Et le Congrès pourra, par des lois générales, prescrire la manière dont la validité de ces actes, minutes et procès-verbaux sera établie, ainsi que leurs effets.

Section 2. Les citoyens de chaque État auront droit à tous les privilèges et immunités des citoyens dans les divers États.

Toute personne qui, accusée, dans un État, de trahison, félonie ou autre crime, se sera dérobée à la justice par la fuite et sera trouvée dans un autre État, devra, sur la demande de l'autorité exécutive de l'État d'où elle aura fui, être livrée pour être ramenée dans l'État ayant juridiction sur le crime.

Une personne qui, tenue à un service ou travail dans un État en vertu des lois y existant, s'échapperait dans un autre, ne sera libérée de ce service ou travail en vertu d'aucune loi ou réglementation de cet autre État, mais sera livrée sur la revendication de la partie à laquelle le service ou travail pourra être dû. [Disposition abrogée par l'adoption du 13e amendement en 1865]

Section 3. De nouveaux États peuvent être admis par le Congrès dans l'Union; mais aucun nouvel État ne sera formé ou érigé sur le territoire soumis à la juridiction d'un autre État, ni aucun État formé par la jonction de deux ou de plusieurs États, ou parties d'État, sans le consentement des législatures des États intéressés, aussi bien que du Congrès.

Le Congrès aura le pouvoir de disposer du territoire ou de toute autre propriété appartenant aux États-Unis, et de faire à leur égard toutes lois et tous règlements nécessaires; et aucune disposition de la présente Constitution ne sera interprétée de manière à préjudicier aux revendications des États-Unis ou d'un État particulier.

Section 4. Les États-Unis garantiront à chaque État de l'Union une forme républicaine de gouvernement, protégeront chacun d'eux contre l'invasion et, sur la demande de la législature ou de l'exécutif (quand la législature ne pourra être réunie), contre toute violence intérieure.

Article V

Le Congrès, quand les deux tiers des deux Chambres l'estimeront nécessaire, proposera des amendements à la présente Constitution ou, sur la demande des législatures des deux tiers des États, convoquera une convention pour en proposer; dans l'un et l'autre cas, ces amendements seront valides à tous égards comme faisant partie intégrante de la présente Constitution, lorsqu'ils auront été ratifiés par les législatures des trois quarts des États, ou par des conventions dans les trois quarts d'entre eux, selon que l'un ou l'autre mode de ratification aura été proposé par le Congrès. Sous réserve que nul amendement qui serait adopté avant l'année mil huit cent huit ne puisse en aucune façon affecter la première et la quatrième clause de la neuvième section de l'Article premier, et qu'aucun État ne soit, sans son consentement, privé de l'égalité de suffrage au Sénat.

Article VI

Toutes dettes contractées et tous engagements pris avant l'adoption de la présente Constitution seront aussi valides à l'encontre des États-Unis dans le cadre de la présente Constitution qu'ils l'étaient dans le cadre de la Confédération.

La présente Constitution, ainsi que les lois des États-Unis qui en découleront, et tous les traités déjà conclus, ou qui le seront, sous l'autorité des États-Unis, seront la loi suprême du pays; et les juges dans chaque État seront liés par les susdits, nonobstant toute disposition contraire de la Constitution ou des lois de l'un quelconque des États.

Les sénateurs et représentants susmentionnés, les membres des diverses législatures des États et tous les fonctionnaires exécutifs et judiciaires, tant des États-Unis que des divers États, seront tenus par serment ou affirmation de défendre la présente Constitution; mais aucune profession de foi religieuse ne sera exigée comme condition d'aptitude aux fonctions ou charges publiques sous l'autorité des États-Unis.

Article VII

La ratification des conventions de neuf États sera suffisante pour l'établissement de la présente Constitution entre les États qui l'auront ainsi ratifiée.

AMENDEMENTS

Premier amendement

Le Congrès ne fera aucune loi qui touche l'établissement ou interdise le libre exercice d'une religion, ni qui restreigne la liberté de la parole ou de la presse, ou le droit qu'a le peuple de s'assembler paisiblement et d'adresser des pétitions au gouvernement pour la réparation des torts dont il a à se plaindre.

Deuxième amendement

Une milice bien organisée étant nécessaire à la sécurité d'un État libre, le droit qu'a le peuple de détenir et de porter des armes ne sera pas transgressé.

Troisième amendement

Aucun soldat ne sera, en temps de paix, logé dans une maison sans le consentement du propriétaire, ni en temps de guerre, si ce n'est de la manière prescrite par la loi.

Quatrième amendement

Le droit des citoyens d'être garantis dans leurs personne, domicile, papiers et effets, contre les perquisitions et saisies non motivées ne sera pas violé, et aucun mandat ne sera délivré, si ce n'est sur présomption sérieuse, corroborée par serment ou affirmation, ni sans qu'il décrive particulièrement le lieu à fouiller et les personnes ou les choses à saisir.

Cinquième amendement

Nul ne sera tenu de répondre d'un crime capital ou infamant sans un acte de mise en accusation, spontané ou provoqué, d'un Grand Jury, sauf en cas de crimes commis pendant que l'accusé servait dans les forces terrestres ou navales, ou dans la milice, en temps de guerre ou de danger public; nul ne pourra pour le même délit être deux fois menacé dans sa vie ou dans son corps; nul ne pourra, dans une affaire criminelle, être obligé de témoigner contre lui-même, ni être privé de sa vie, de sa liberté ou de ses biens sans procédure légale régulière; nulle propriété privée ne pourra être réquisitionnée dans l'intérêt public sans une juste indemnité.

Sixième amendement

Dans toutes poursuites criminelles, l'accusé aura le droit d'être jugé promptement et publiquement par un jury impartial de l'État et du district où le crime aura été commis − le district ayant été préalablement délimité par la loi −, d'être instruit de la nature et de la cause de l'accusation, d'être confronté avec les témoins à décharge, d'exiger par des moyens légaux la comparution de témoins à charge, et d'être assisté d'un conseil pour sa défense.

Septième amendement

Dans les procès de droit commun où la valeur en litige excédera vingt dollars, le droit au jugement par un jury sera observé, et aucun fait jugé par un jury ne sera examiné de nouveau dans une cour des États-Unis autrement que selon les règles du droit commun.

Huitième amendement

Des cautions excessives ne seront pas exigées, ni des amendes excessives imposées, ni des châtiments cruels et exceptionnels infligés.

Neuvième amendement

L'énumération de certains droits dans la Constitution ne pourra être interprétée comme déniant ou restreignant d'autres droits conservés par le peuple.

Dixième amendement

Les pouvoirs qui ne sont pas délégués aux États-Unis par la Constitution, ni refusés par elle aux États, sont conservés par les États respectivement ou par le peuple.

[Ces dix premiers amendements, qui constituent la Déclaration des droits, furent proposés par le Congrès le 25 septembre 1789 et déclarés ratifiés le 15 décembre 1791.]

Onzième amendement

Le pouvoir judiciaire des États-Unis ne sera pas interprété comme s'étendant à un procès de droit ou d'équité entamé ou poursuivi contre l'un des États-Unis par des citoyens d'un autre État, ou par des citoyens ou sujets d'un État étranger.

[Proposé le 4 mars 1794 et déclaré ratifié le 8 janvier 1798]

Douzième amendement

Les électeurs se réuniront dans leurs États respectifs et voteront par bulletin pour le président et le vice-président, dont l'un au moins n'habitera pas le même État qu'eux. Ils indiqueront sur des bulletins séparés le nom de la personne qu'ils désirent élire président et de celle qu'ils désirent élire vice-président. Ils dresseront des listes distinctes de toutes les personnes qui auront obtenu des voix pour la présidence, de toutes celles qui en auront obtenu pour la vice-présidence, et du nombre de voix recueillies par chacune d'elles. Ils signeront ces listes, les certifieront et les transmettront, scellées, au siège du gouvernement des États-Unis, à l'adresse du président du Sénat. Celui-ci, en présence du Sénat et de la Chambre des représentants, ouvrira toutes les listes certifiées, et les suffrages seront alors comptés. La personne qui aura obtenu le plus grand nombre de voix pour la présidence sera président, si ce nombre représente la majorité de tous les électeurs nommés. Si aucune n'a obtenu la majorité nécessaire, la Chambre des représentants choisira immédiatement le président, par scrutin, entre les trois personnes au plus qui auront réuni le plus grand nombre de voix. Mais, pour le choix du président, les voix seront recueillies par État, la représentation de chacun ayant une voix. Le quorum nécessaire à cet effet sera constitué par la présence d'un ou de plusieurs représentants de deux tiers des États, et l'adhésion de la majorité de tous les États devra être acquise pour la validité du choix. [Si la Chambre des représentants, quand le droit de choisir lui incombe, ne choisit pas le président avant le quatrième jour de mars suivant, le vice-président agira en qualité de président, de même qu'en cas de décès ou d'autre incapacité constitutionnelle du président.] [Disposition modifiée par la section 3 du 20e amendement ratifié en 1993] La personne qui réunira le plus grand nombre de voix pour la vice-présidence sera vice-président si ce nombre représente la majorité de tous les électeurs nommés; si aucune n'a obtenu la majorité nécessaire, le Sénat choisira alors le vice-président entre les deux personnes sur la liste qui auront le plus grand nombre de voix. Le quorum nécessaire à cet effet sera constitué par la présence des deux tiers du nombre total des sénateurs, et l'adhésion de la majorité de tous les sénateurs devra être acquise pour la validité du choix. Mais aucune personne inéligible, de par la Constitution, à la charge de président ne pourra être élue à celle de vice-président des États-Unis.

[Proposé le 9 décembre 1803 et déclaré ratifié le 25 septembre 1804]

Treizième amendement

Section 1. Ni esclavage ni servitude involontaire, si ce n'est en punition d'un crime dont le coupable aura été dûment convaincu, n'existeront aux États-Unis ni dans aucun des lieux soumis à leur juridiction.

Section 2. Le Congrès aura le pouvoir de donner effet au présent article par une législation appropriée.

[Proposé le 31 janvier 1865 et déclaré ratifié le 18 décembre 1865]

Quatorzième amendement

Section 1. Toute personne née ou naturalisée aux États-Unis, et soumise à leur juridiction, est citoyen des États-Unis et de l'État dans lequel elle réside. Aucun État ne fera ou n'appliquera de lois qui restreindraient les privilèges ou les immunités des citoyens des États-Unis; ne privera une personne de sa vie, de sa liberté ou de ses biens sans procédure légale régulière; ni ne refusera à quiconque relève de sa juridiction légale protection des lois.

Section 2. Les représentants seront répartis entre les divers États proportionnellement à leur population respective, calculée en comptant tous les habitants de chaque État, à l'exclusion des Indiens, non imposés. Mais, quand le droit de voter à l'élection d'électeurs des président et vice-président des États-Unis, des représentants au Congrès, des fonctionnaires exécutifs et judiciaires d'un État ou des membres de sa législature, sera dénié à des habitants [mâles] de cet État, [âgés de vingt et un ans] et citoyens des États-Unis, ou restreint de quelque manière que ce soit, sauf en cas de participation à une rébellion ou autre crime, la base de la représentation pour ledit État sera réduite dans la proportion existant entre le nombre des citoyens mâles visés et le nombre total des citoyens [mâles de vingt et un ans] dans cet État.

[Les dispositions concernant le sexe ont été modifiées par le 19ᵉ amendement en 1920 et celles concernant l'âge furent modifiées par l'adoption du 26ᵉ amendement en 1971]

Section 3. Nul ne sera sénateur ou représentant au Congrès, ou électeur des président et vice-président, ni n'occupera aucune charge civile ou militaire du gouvernement des États-Unis ou de l'un quelconque des États, qui après avoir prêté serment, comme membre du Congrès, ou fonctionnaire des États-Unis, ou membre d'une législature d'État, ou fonctionnaire exécutif ou judiciaire d'un État, de défendre la Constitution des États-Unis, aura pris part à une insurrection ou à une rébellion contre eux, ou donné aide ou secours à leurs ennemis. Mais le Congrès pourra, par un vote des deux tiers de chaque Chambre, lever cette incapacité.

Section 4. La validité de la dette publique des États-Unis, autorisée par la loi, y compris les engagements contractés pour le paiement de pensions et de primes pour services rendus lors de la répression d'insurrections ou de rébellions, ne sera pas mise en question. Mais ni les États-Unis, ni aucun État n'assumeront ni ne payeront aucune dette ou obligation contractée pour assistance à une insurrection ou rébellion contre les États-Unis, ni aucune réclamation pour la perte ou l'émancipation d'esclaves, et toutes dettes, obligations et réclamations de cette nature seront considérées comme illégales et nulles.

Section 5. Le Congrès aura le pouvoir de donner effet aux dispositions du présent article par une législation appropriée.

[Proposé le 13 juin 1866 et déclaré ratifié le 28 juillet 1868]

Quinzième amendement

Section 1. Le droit de vote des citoyens des États-Unis ne sera dénié ou limité par les États-Unis, ou par aucun État, pour des raisons de race, couleur, ou de condition antérieure de servitude.

Section 2. Le Congrès aura le pouvoir de donner effet au présent article par une législation appropriée.

[Proposé le 26 février 1869 et déclaré ratifié le 30 mars 1870]

Seizième amendement

Le Congrès aura le pouvoir d'établir et de percevoir des impôts sur les revenus, de quelque source qu'ils dérivent, sans répartition parmi les divers États, et indépendamment d'aucun recensement ou énumération.

[Proposé le 12 juillet 1909 et déclaré ratifié le 25 février 1913]

Dix-septième amendement

Section 1. Le Sénat des États-Unis sera composé de deux sénateurs pour chaque État, élus pour six ans par le peuple de cet État; et chaque sénateur aura droit à une voix. Les électeurs de chaque État devront remplir les conditions requises pour être électeur à l'assemblée législative la plus nombreuse de l'État.

Section 2. Quand des vacances se produiront dans la représentation d'un État au Sénat, l'autorité exécutive de cet État convoquera les électeurs pour y pourvoir sous réserve que, dans chaque État, la législature puisse donner à l'exécutif le pouvoir de procéder à des nominations temporaires jusqu'à ce que le peuple ait pourvu aux vacances par les élections que la législature pourra ordonner.

Section 3. Le présent amendement ne sera pas interprété comme affectant l'élection ou la durée du mandat de tout sénateur choisi avant que ledit amendement ait acquis force exécutive et fasse partie intégrante de la Constitution.

[Proposé le 13 mai 1912 et déclaré ratifié le 31 mai 1913]

Dix-huitième amendement

Section 1. Seront prohibés, un an après la ratification du présent article, la fabrication, la vente ou le transport des boissons alcooliques à l'intérieur du territoire des États-Unis et de tout territoire soumis à leur juridiction, ainsi que l'importation des dites boissons dans ces territoires ou leur exportation hors de ces territoires.

Section 2. Le Congrès et les divers États auront concurremment le pouvoir de donner effet au présent article par une législation appropriée.

Section 3. Le présent article sera inopérant s'il n'est ratifié comme amendement à la Constitution par les législatures des divers États, de la manière prévue dans la Constitution, dans les sept années qui suivront la date de sa présentation aux États par le Congrès.

[Proposé le 18 décembre 1917, déclaré ratifié le 29 janvier 1919 et abrogé par l'adoption du 21ᵉ amendement ratifié en 1933]

Dix-neuvième amendement

Le droit de vote des citoyens des États-Unis ne pourra être dénié ou restreint pour cause de sexe par les États-Unis ni l'un quelconque des États. Le Congrès aura le pouvoir de donner effet au présent article par une législation appropriée.

[Proposé le 4 juin 1919 et déclaré ratifié le 26 août 1920]

Vingtième amendement

Section 1. Les mandats du président et du vice-président prendront fin à midi, le vingtième jour de janvier, et les mandats des sénateurs et des représentants, à midi, le troisième jour de janvier des années au cours desquelles ces mandats auraient expiré si le présent article n'avait pas été ratifié; et les mandats de leurs successeurs commenceront à partir de ce moment.

Section 2. Le Congrès s'assemblera au moins une fois par an, et la réunion aura lieu à midi, le troisième jour de janvier, à moins que, par une loi, il ne fixe un jour différent.

Section 3. Si, à la date fixée pour l'entrée en fonction du président, le président élu est décédé, le vice-président élu deviendra président. Si un président n'a pas été choisi avant la date fixée pour le commencement de son mandat, ou si le président élu ne remplit pas les conditions requises, le vice-président élu fera alors fonction de président jusqu'à ce qu'un président remplisse les conditions requises; et le Congrès pourra, par une loi, pourvoir au cas d'incapacité à la fois du président élu et du vice-président en désignant la personne qui devra alors faire fonction de président, ou la manière de la choisir, et ladite personne agira en cette qualité jusqu'à ce qu'un président ou un vice-président remplisse les conditions requises.

Section 4. Le Congrès pourvoira par une loi au cas de décès de l'une des personnes parmi lesquelles la Chambre des représentants peut choisir un président lorsque le droit de choisir lui incombe, et au cas de décès de l'une des personnes parmi lesquelles le Sénat peut choisir un vice-président lorsque le droit de choisir lui incombe.

Section 5. Les sections 1 et 2 entreront en vigueur le quinzième jour d'octobre qui suivra la ratification du présent article.

Section 6. Le présent article sera inopérant s'il n'est ratifié comme amendement à la Constitution par les législatures des trois quarts des divers États, dans les sept années qui suivront la date de sa soumission.

[Proposé le 2 mars 1932 et déclaré ratifié le 6 février 1933]

Vingt et unième amendement

Section 1. Le Dix-huitième amendement à la Constitution est abrogé.

Section 2. Le transport ou l'importation dans tout État, territoire ou possession des États-Unis, de boissons alcooliques destinées à y être livrées ou consommées, en violation des lois y existant, sont interdits.

Section 3. Le présent article sera inopérant, s'il n'est ratifié comme amendement à la Constitution par les divers États assemblés en convention ainsi qu'il est prévu dans la Constitution, dans les sept années qui suivront la date de sa soumission aux États par le Congrès.

[Proposé le 20 février 1933 et déclaré ratifié le 5 décembre 1933]

Vingt-deuxième amendement

Section 1. Nul ne pourra être élu à la présidence plus de deux fois, et quiconque aura rempli la fonction de président, ou agi en tant que président, pendant plus de deux ans d'un mandat pour lequel quelque autre personne était nommée président, ne pourra être élu à la fonction de président plus d'une fois. Mais cet article ne s'appliquera pas à quiconque remplit la fonction de président au moment où cet article a été proposé par le Congrès, et il n'empêchera pas quiconque pouvant remplir la fonction de président, ou agir en tant que président, durant le mandat au cours duquel cet article devient exécutoire, de remplir la fonction de président ou d'agir en tant que président durant le reste de ce mandat.

Section 2. Le présent article ne prendra effet qu'après sa ratification comme amendement à la Constitution par les législatures de trois quarts des différents États dans un délai de sept ans à dater de sa présentation aux États par le Congrès.

[Proposé le 21 mars 1947 et déclaré ratifié le 1er mars 1951]

Vingt-troisième amendement

Section 1. Le district où se trouve établi le siège du gouvernement des États-Unis, désignera selon telle procédure que pourra déterminer le Congrès un nombre d'électeurs du président et du vice-président équivalant au nombre total des sénateurs et représentants au Congrès auquel ce district aurait droit s'il était constitué en État; ce nombre ne pourra dépasser en aucun cas celui des électeurs désignés par l'État le moins peuplé de l'Union; ces électeurs se joindront à ceux désignés par les États et ils seront considérés, pour les besoins de l'élection du président et du vice-président, comme désignés par un État; ils se réuniront sur le territoire du district et rempliront les devoirs spécifiés par le Douzième amendement.

Section 2. Le Congrès aura le pouvoir de donner effet aux dispositions du présent article par une législation appropriée.

[Proposé le 17 juin 1960 et déclaré ratifié le 3 avril 1961]

Vingt-quatrième amendement

Section 1. Le droit des citoyens des États-Unis de voter à toute élection primaire ou autre élection du président et du vice-président, des grands électeurs du président et du vice-président, ou des sénateurs et représentants au Congrès, ne sera dénié ou restreint ni par les États-Unis, ni par aucun État, pour cause de non-paiement de la taxe électorale ou de tout autre impôt.

Section 2. Le Congrès aura le pouvoir de donner effet aux dispositions du présent article par une législation appropriée.

[Proposé le 27 août 1962 et déclaré ratifié le 5 février 1964]

Vingt-cinquième amendement

Section 1. En cas de destitution, décès ou démission du président, le vice-président deviendra président.

Section 2. En cas de vacance du poste de vice-président, le président nommera un vice-président qui entrera en fonctions dès que sa nomination aura été approuvée par un vote majoritaire des deux Chambres du Congrès.

Section 3. Si le président fait parvenir au président *pro tempore* du Sénat et au président de la Chambre des représentants une déclaration écrite leur faisant connaître son incapacité d'exercer les pouvoirs et de remplir les devoirs de sa charge, et jusqu'au moment où il les avisera par écrit du contraire, ces pouvoirs seront exercés et ces devoirs seront remplis par le vice-président en qualité de président par intérim.

Section 4. Si le vice-président, ainsi qu'une majorité des principaux fonctionnaires des départements exécutifs ou de tel autre organisme désigné par une loi promulguée par le Congrès, font parvenir au président *pro tempore* du Sénat et au président de la Chambre des représentants une déclaration écrite les avisant que le président est dans l'incapacité d'exercer les pouvoirs et de remplir les devoirs de sa charge, le vice-président assumera immédiatement ces fonctions en qualité de président par intérim. Par la suite, si le président fait parvenir au président *pro tempore* du Sénat et au président de la Chambre des représentants une déclaration écrite les informant qu'aucune incapacité n'existe, il reprendra ses fonctions, à moins que le vice-président et une majorité des principaux fonctionnaires des départements exécutifs ou de tel autre organisme désigné par une loi promulguée par le Congrès ne fassent parvenir dans les quatre jours au président *pro tempore* du Sénat et au président de la Chambre des représentants une déclaration écrite affirmant que le président est incapable d'exercer les pouvoirs et de remplir les devoirs de sa charge. Le Congrès devra alors prendre une décision; s'il ne siège pas, il se réunira dans ce but dans un délai de 48 heures. Si, dans les 21 jours qui suivront la réception par le Congrès de cette dernière déclaration écrite, ou dans les 21 jours qui suivront la date de la réunion du Congrès, si le Congrès n'est pas en session, ce dernier décide par un vote des deux tiers des deux Chambres que le président est incapable d'exercer les pouvoirs et de remplir les devoirs de sa charge, le vice-président continuera à exercer ces fonctions en qualité de président par intérim; dans le cas contraire, le président reprendra l'exercice des dites fonctions.

[Proposé le 6 juillet 1965 et déclaré ratifié le 25 février 1967]

Vingt-sixième amendement

Section 1. Le droit de vote des citoyens des États-Unis âgés de dix-huit ans ou plus ne pourra être dénié ou restreint pour raison d'âge ni par les États-Unis ni par l'un quelconque des États.

Section 2. Le Congrès aura le pouvoir de donner effet au présent article par une législation appropriée.

[Proposé le 23 mars 1971 et déclaré ratifié le 7 juillet 1971]

Vingt-septième amendement

Aucune loi modifiant la rémunération des services des sénateurs et des représentants n'entrera en vigueur tant qu'une élection des représentants ne sera pas intervenue.

[Proposé le 25 septembre 1789 et déclaré ratifié le 18 mai 1992]

ANNEXE 3

RÉPARTITION DU NOMBRE DE VOTES PAR ÉTATS AU COLLÈGE ÉLECTORAL

Comparaison 2000-2004-2008

Après le recensement de l'an 2000, il y a eu un ajustement de la distribution du nombre de votes des grands électeurs au Collège électoral par États. La lettre **R** mise entre parenthèses indique que le vote s'est fait en faveur du parti républicain et la lettre **D**, qu'il s'est fait en faveur du parti démocrate. Il n'y a eu aucune modification sur la distribution par État du nombre de grands électeurs entre 2004 et 2008.

États	**Nombre de votes au Collège électoral**		
	2000	**2004**	**2008**
Alabama	9 (R)	9 (R)	9
Alaska	3 (R)	3 (R)	3
Arizona	8 (R)	10 (R)	10
Arkansas	6 (R)	6 (R)	6
Californie	54 (D)	55 (D)	55
Caroline du Nord	14 (R)	15 (R)	15
Caroline du Sud	8 (R)	8 (R)	8
Colorado	8 (R)	9 (R)	9
Connecticut	8 (D)	7 (D)	7
Dakota du Nord	3 (R)	3 (R)	3
Dakota du Sud	3 (R)	3 (R)	3
Delaware	3 (D)	3 (D)	3
District de Columbia	2* (D)	3 (D)	3
Floride	25 (R)	27 (R)	27
Géorgie	13 (R)	15 (R)	15

* Une abstention (sur 3 votes possibles)

	2000	2004	2008
Hawaï	4 (D)	4 (D)	4
Idaho	4 (R)	4 (R)	4
Illinois	22 (D)	21 (D)	21
Indiana	12 (R)	11 (R)	11
Iowa	7 (D)	7 (R)	7
Kansas	6 (R)	6 (R)	6
Kentucky	8 (R)	8 (R)	8
Louisiane	9 (R)	9 (R)	9
Maine	4 (D)	4 (D)	4
Maryland	10 (D)	10 (D)	10
Massachusetts	12 (D)	12 (D)	12
Michigan	18 (D)	17 (D)	17
Minnesota	10 (D)	10 (D)	10
Mississippi	7 (R)	6 (R)	6
Missouri	11 (R)	11 (R)	11
Montana	3 (R)	3 (R)	3
Nebraska	5 (R)	5 (R)	5
Nevada	4 (R)	5 (R)	5
New Hampshire	4 (R)	4 (D)	4
New Jersey	15 (D)	15 (D)	15
New York	33 (D)	31 (D)	31
Nouveau Mexique	5 (D)	5 (R)	5
Ohio	21 (R)	20 (R)	20
Oklahoma	8 (R)	7 (R)	7
Oregon	7 (D)	7 (D)	7
Pennsylvanie	23 (D)	21 (D)	21
Rhode Island	4 (D)	4 (D)	4
Tennessee	11 (R)	11 (R)	11
Texas	32 (R)	34 (R)	34
Utah	5 (R)	5 (R)	5
Vermont	3 (D)	3 (D)	3
Virginie	13 (R)	13 (R)	13
Virginie occidentale	5 (R)	5 (R)	5
Washington	11 (D)	11 (D)	11
Wisconsin	11 (D)	10 (D)	10
Wyoming	3 (R)	3 (R)	3

Résultats pour l'élection de 2000 : 271 (R) + 266 (D) + 1 abs = 538
Résultats pour l'élection de 2004 : 286 (R) + 252 (D) = 538

ANNEXE 4

LISTE DES PRÉSIDENTS DES ÉTATS-UNIS D'AMÉRIQUE

Nᵒˢ	Présidents	de	à	Affiliation partisane
1	George Washington	1789	1797	Aucune
2	John Adams	1797	1801	Fédéraliste
3	Thomas Jefferson	1801	1809	*Democratic-Republican*
4	James Madison	1809	1817	*Democratic-Republican*
5	James Monroe	1817	1825	*Democratic-Republican*
6	John Quincy Adams	1825	1829	*Democratic-Republican*
7	Andrew Jackson	1829	1837	Démocrate
8	Martin Van Buren	1837	1841	Démocrate
9	William Henry Harrison	1841	1841	Whig
10	John Tyler	1841	1845	Whig*
11	James Knox Polk	1845	1849	Démocrate
12	Zachary Taylor	1849	1850	Whig
13	Millard Fillmore	1850	1853	Whig
14	Franklin Pierce	1853	1857	Démocrate
15	James Buchanan	1857	1861	Démocrate
16	Abraham Lincoln	1861	1865	Républicain
17	Andrew Johnson	1865	1869	Républicain**

* Démocrate sur ticket Whig
** Démocrate sur ticket Républicain

N⁰ˢ	Présidents	de	à	Affiliation partisane
18	Ulysses Simpson Grant	1869	1877	Républicain
19	Rutherford Birchard Hayes	1877	1881	Républicain
20	James Abram Garfield	1881	1881	Républicain
21	Chester Alan Arthur	1881	1885	Républicain
22	Stephen Grover Cleveland	1885	1889	Démocrate
23	Benjamin Harrison	1889	1893	Républicain
24	Stephen Grover Cleveland	1893	1897	Démocrate
25	William McKinley	1897	1901	Républicain
26	Theodore Roosevelt	1901	1909	Républicain
27	William Howard Taft	1909	1913	Républicain
28	Thomas Woodrow Wilson	1913	1921	Démocrate
29	Warren Gamaliel Harding	1921	1923	Républicain
30	John Calvin Coolidge, Jr .	1923	1929	Républicain
31	Herbert Clark Hoover	1929	1933	Républicain
32	Franklin Delano Roosevelt	1933	1945	Démocrate
33	Harry S. Truman	1945	1953	Démocrate
34	Dwight David Eisenhower	1953	1961	Républicain
35	John Fitzgerald Kennedy	1961	1963	Démocrate
36	Lyndon Baines Johnson	1963	1969	Démocrate
37	Richard Milhous Nixon	1969	1974	Républicain
38	Gerald Rudolph Ford, Jr.	1974	1977	Républicain
39	James Earl "Jimmy" Carter, Jr.	1977	1981	Démocrate
40	Ronald Wilson Reagan	1981	1989	Républicain
41	George Herbert Walker Bush	1989	1993	Républicain
42	William Jefferson Clinton	1993	2001	Démocrate
43	George Walker Bush	2001	2009	Républicain

ANNEXE 5

POUR EN SAVOIR PLUS

ALEXANDER , Paul. *Man of the people, The life of John McCain*, John Wiley & Sons, Inc.

BESCHLOSS, Michael. *Presidential Courage, Brave leaders and how they changed America 1789-1989*, Simon & Schuster paperbacks;

BROCK, David. *The republican noise machine, Right-wing media and how it corrupts democracy*, Three rivers press, New York.

CUCCIOLETTA, Donald et John Parisella. *Élections made in USA, Mieux comprendre le système électoral américain. Pour saisir les vrais enjeux de l'élection du 2 novembre 2004*, Les éditions La Presse.

FUKUYAMA, Francis. *America at the Crossroads, Democracy, power and the neoconservative legacy*, Yale university press, New Haven and London.

HARWOOD, John & Gerald F. Seib. *Pennsylvania avenue, Profiles in backroom power*, Random house, New York.

LOWI, Theodore J. and Benjamin Ginsberg. *American Government, Freedom and Power (second edition)*, W.W. Norton & Compagny.

MANSFIELD, Stephen. *The faith of Barack Obama*, Thomas Nelson.

MATUZ, Roger. *The presidents fact book*, edited by Bill Harris, Black dog & Leventhal Publishers.

MCCAIN, John, with Mark Salter. *Character is destiny, Inspiring stories every young person should know and every adult should remember*, Random house trade paperbacks, New York.

MCCAIN, John with Mark Salter. *Faith of my Fathers*, Perennial, An Imprint of HarperCollinsPublishers.

MCCAIN, John with Mark Salter. *Hard call, Great decisions and the extraordinary people who made them*, Twelve, New York-Boston.

MENDELL, David. *Obama, From promise to power*, Amistad, And imprint of HarperCollinsPublishers.

MOORE, James & Wayne Slater. *Rove Exposed, How Bush's brain fooled America*, John Wiley and Sons, Inc.

NOONAN, Peggy. *When character was king, A story of Ronald Reagan*, Viking.

OBAMA, Barack. *Dreams from my father, A story of race and inheritance*, Three rivers press.

OBAMA, Barack. *The audacity of hope, Thoughts on Reclaiming the American Dream*, Crown Publishers, New York.

SHRUM, Robert. *No excuses, Concessions of a serial campaigner*, Simon & Schuster.

THOMAS, Evan (with reporting by Eleanor Clift, Kevin Peraino, Jonathan Darman, Peter Goldman, Holly Bailey, and Suzanne Smalley). *Election 2004, How Bush won and what you can expect in the future*, Public Affairs, New York.

TOOBIN, Jeffrey. *Too close to call, The thirty-six-day battle to decide the 2000 election*, Random house, New York.

WESTEN, Drew. *The political brain, The role of emotion in deciding the fate of the nation*, Public Affairs, New York.

QUELQUES SITES INTÉRESSANTS

http://www.whitehouse.gov

http://www.barackobama.com

http://www.johnmccain.com

http://www.democrats.org

http://www.rnc.org/

http://www.cyberpresse.ca/dossiers/presidentielle-americaine/

http://www.realclearpolitics.com/

http://www.politico.com/politics08/

http://www.huffingtonpost.com/

http://www.er.uqam.ca/nobel/raoul978/b2evolution/blogs/index.php

Le site de la SRC propose un échantillon de quelques sites Internet fort intéressants
http://www.radio-canada.ca/nouvelles/International/2008/01/10/007-presidentielle-eu-web.shtm